Sarah Schocke

SELBSTGEMACHT SCHMECKT BESSER

Sarah Schocke

Selbstgemacht
SCHMECKT BESSER

südwest

INHALTSVERZEICHNIS

INHALTSVERZEICHNIS

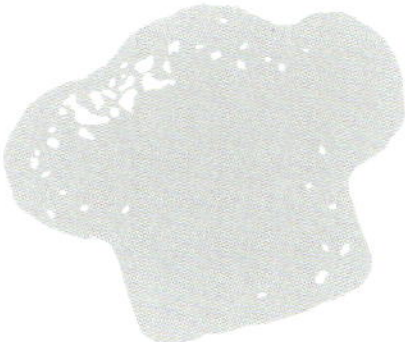

VORWORT

Hallo, lieber Leser und liebe Leserin,
ich freue mich, dass du dieses Buch in den Händen hältst. Hast du Lust, zusammen mit mir deinen Vorrat aufzupeppen? Ja, ich gebe zu, es steckt ein bisschen Arbeit drin. Aber das kannst du alles nach und nach machen und mit den Dingen anfangen, die dich am meisten begeistern. Ich habe die meisten Portionsgrößen so gewählt, dass es sich um Probiergrößen handelt. Denn was nützt es, wenn du mehrere Gläser Ketchup oder Ajvar im Regal hast, dann aber feststellst, dass du diese gar nicht so oft benötigst oder es dir vielleicht nicht mal so gut schmeckt?

Klein anfangen – nach und nach ausbauen

Deswegen ist die Idee dieses Buches: Erst mal mit kleinen Mengen anfangen und dann, wenn es dir gefällt, in die Großproduktion einsteigen. Am besten verteilst du das Ganze auf verschiedene Nachmittage oder Abende, an denen du deinen Vorratsschrank mit gesunden Fertiggerichten ein bisschen auf Vordermann bringst – so teilst du dir die Mühe auch gleich auf. Es darf ruhig Spaß machen – Musik an, und los geht die Küchenparty! Oder du verknüpfst einfach zwei Dinge: ein leckeres Essen zum Sofort-Genießen und noch eine oder mehrere Portionen für den Vorrat. Das klappt nicht bei allen Gerichten, aber bei Ofenbaguette oder Pizza geht das total gut: Eine wird gleich gegessen, die anderen werden nur vorgebacken und tiefgefroren, und – schwupps! – schon hast du dein erstes, gesundes, selbst gemachtes Fertiggericht.

Warum selber machen statt kaufen?

Dieses Buch bietet eine Vielzahl an unterschiedlichen Rezeptideen. Allen gemeinsam ist, dass du die fertigen Waren auch einfach im Supermarkt kaufen könntest. Doch die meisten Produkte aus dem Supermarkt sind nicht mehr so natürlich, wie viele von uns das gerne hätten. Sie enthalten Zusatzstoffe, die dafür sorgen, dass Lebensmittel lange haltbar sind und am Ende des Mindesthaltbarkeitsdatums noch genauso toll aussehen wie beim Kauf. Sie können viel Salz oder Zucker enthalten, manchmal wünschst du dir vielleicht auch einfach eine andere Geschmacksrichtung oder hast eine Allergie und möchtest deswegen das Produkt an deine Bedürfnisse anpassen. Die Gründe sind vielzählig – die selbst gemachten Alternativen aber auch.

Du bestimmst, was reinkommt

Fakt ist: Wenn du Essen selbst vorbereitest, bestimmst du, was reinkommt. Du bist dann Herr (oder Herrin) über Geschmack und Zutaten. Du kannst dir gesunde Lebensmittel vorbereiten und sparst dadurch an stressigen Tagen oder wenn du mal keine Lust hast, groß zu kochen, genauso viel Zeit, wie wenn du das Pendant aus dem Supermarkt zubereiten würdest. Außerdem sparst du Verpackungsmaterial ein, wenn du nicht jedes Mal ein kleines Tütchen Vanillezucker aufreißt, sondern dich einfach aus deinem großen Vorratsglas bedienst. Die Umwelt freut sich.

Die Mühe lohnt

Nach und nach wirst du sicher herausfinden, was du oft benutzt, was du gerne selbst machen möchtest und was du weiterhin als fertiges Produkt einkaufst. Es tut gut, zur eigenen, zuckerreduzierten (vielleicht sogar zuckerfreien) Müslimischung zu greifen oder sich die selbst gemachte Marmelade aufs Brot zu streichen. Es macht unabhängig von vorgegebenen Geschmacksrichtungen und du sorgst für dich und deine Gesundheit – ein schönes Gefühl.

Nicht nur auf Vorrat

Doch dieses Buch bietet noch mehr, zum Beispiel selbst gemachte Schokoküsse. Die lassen sich nicht lange lagern und du kannst sie auch nicht einfrieren – genau wie bei der Milchschnitte oder bei Waffeln. Da stellt sich doch die Frage: Warum solltest du das dann überhaupt selber machen? Ganz einfach: Der Geschmack wird dich überzeugen. Während die Schokoküsse im Supermarkt zwar nicht gekühlt werden müssen und lange haltbar sind, solltest du die selbst gemachten Leckereien nur für kurze Zeit im Kühlschrank aufbewahren und bald verzehren. Den Unterschied in Frische und Geschmack, der dabei entsteht, merkt man ganz deutlich. Wenn du also Fan von Schokoküssen bist oder eine Geburtstagsfeier ansteht, lohnt sich die Mühe des Selbermachens auf jeden Fall. Du sparst nicht nur Zusatzstoffe ein, sondern erhältst darüber hinaus einen fantastischen Geschmack.

Ideen für einen gesunden Alltag

Und so ist dieses Buch als eine Art Ideenkiste für einen gesunden Alltag zu verstehen. Mal sparst du Verpackungsmüll ein, mal Zucker, mal Kalorien und mal Zusatzstoffe. Geschmacklich bist du immer auf der Gewinnerseite. Weil unser aller Alltag so vollgestopft ist, oftmals alles schnell gehen muss und nicht viel Zeit für gesunde Gerichte bleibt, kannst du dir auf diese Weise in ruhigeren Phasen eine Art gesunden Notvorrat aufbauen. Kartoffelsuppe im Glas, Maultaschen oder Gemüsecurry können einem schon mal die Stimmung retten, der Salsa-Dip im Vorrat spart jede Menge Zucker ein und das selbst gemachte Sauerkraut steckt voller guter, aktiver Milchsäurebakterien, die Verdauung und Immunsystem unterstützen – im Gegensatz zu den Sauerkrautdosen aus dem Supermarkt. Das dort gekaufte Kraut tut das nämlich nicht. Denn durch die Hitze zum Haltbarmachen sind die Bakterien schon lange umgekommen.

Ich wünsche dir viel Spaß beim Stöbern, Ausprobieren und Aufstocken deines gesunden Vorrats!

S. Schoche

Warum SELBER MACHEN STATT KAUFEN?

Macht es Sinn, Tiefkühlpizza selbst zu machen? Was ist der Unterschied zwischen selbst gemachtem Fruchtjoghurt und dem Pendant aus dem Supermarkt? Warum es sich lohnt, sich an freien Tagen in die Küche zu stellen und Gerichte vorzubereiten, die du irgendwann später auf den Tisch bringen kannst, wenn es mal schnell gehen muss, erfährst du auf den folgenden Seiten.

CONVENIENCE HEISST »BEQUEM«

Auf dem Weg durch die Supermarktgänge begegnen einem immer wieder Produkte, die einem das Leben erleichtern sollen, sogenannte Convenience-Produkte. Sie sollen dabei helfen, dass es in der Küche schneller und unkomplizierter abläuft. Das klingt eigentlich erst mal gut. Die Supermarktprodukte schaffen das, indem bestimmte Komponenten schon vorbereitet sind, etwa bei Tiefkühlgemüse. Hier fällt das Waschen und Schneiden weg, manchmal sogar das Würzen, und wieder andere kommen sogar mit einer fertigen Sauce daher. Es gibt auch ganze Bestandteile von Mahlzeiten, die bereits fertiggestellt sind, etwa Reibekuchen oder Knödel. Und dann gibt es noch komplette Gerichte, zum Beispiel in Aluschalen oder aus der Dose, die ebenfalls nur noch aufgewärmt werden müssen.

Die Aufzählung zeigt, dass es verschiedene Grade der Verarbeitung gibt und man später mehr oder weniger Arbeit damit in der Küche hat. Eines schon vorab: Bei den Gerichten, mit denen man kaum oder keine Arbeit mehr hat, die also nur noch aufgewärmt werden müssen, kann man auch nicht mehr mitbestimmen, welche Zutaten drin sein sollen, etwa Zusatzstoffe, Salz oder Zucker. Einige Produkte gehören so selbstverständlich zu unserem Alltag, dass man sie kaum als »Convenience« identifizieren würde, wie beispielsweise Puddingpulver, Gelierzucker oder Vanillezucker. Andere wiederum, etwa fertige tiefgekühlte Nudelgerichte, Lasagne aus der Aluschale oder fertige Suppen aus der Dose, sind als Fertiggerichte bekannt und die meisten würden wohl, ohne zu zögern, zustimmen, dass sie das Leben vereinfachen. Hat nicht jeder schon mal beim Camping die Ravioli-Dose geöffnet oder nach einem langen Arbeitstag die Tiefkühlpizza in den Ofen geschoben? Ab und an ist es eine große Erleichterung, dass es diese »Bequem-Macher« gibt.

Verschiedene Arten der Mühelosigkeit

Convenience-Produkte findet man in sämtlichen Supermarktsparten. Backmischungen oder Müslimischungen müssen einfach noch mit zwei bis drei frischen Zutaten wie Butter, Eiern, Milch oder Joghurt kombiniert werden, und schon ist der Kuchen (natürlich nach dem Backen) oder das Frühstücksmüsli essbereit. Saucen wie BBQ-Sauce zum Grillen, Salsa-Dip zu Kartoffelspalten oder Nacho-Chips oder Pesto zu Spaghetti sind schnelle Helfer, um Gerichte abzurunden, und finden sich bei fast allen von uns im Kühlschrank oder im Vorratsschrank. Und wie schon beschrieben, machen Tiefkühlpizza, Ofenbaguettes oder auch Tiefkühlbrötchen das Leben enorm einfacher, weil mit wenigen Handgriffen eine Mahlzeit auf dem Tisch steht.

Warum nun also selber machen statt kaufen?

Bei den vielen Vorteilen fragt sich der oder die eine oder andere nun: Warum sollte ich mir die Mühe machen und meinen Vorrat selbst anlegen, wenn ich ihn doch genauso gut spontan im Supermarkt einkaufen kann? Fakt ist: Nicht alle Convenience- und Fertigprodukte sind ungesund. Es kommt auf die Zusammensetzung und die verwendeten Zutaten an. Alle Angaben dazu stehen auf der Produktverpackung in der Zutatenliste. Die Nährstofftabelle gibt einen guten Überblick über die Nährwertzusammensetzung, insbesondere dazu, wie viel Zucker, Salz, Fett und Kalorien das Produkt enthält. Werfen wir einen genaueren Blick auf die Vor- und Nachteile von Fertigprodukten.

Vorteile:

- Zeitersparnis, weil Komponenten oder ganze Mahlzeiten schon vorbereitet sind
- Vorratshaltung – oft gut und lange lagerfähig, sodass man nicht planen muss, sondern spontan darauf zurückgreifen kann
- Sie sind oft portioniert, sodass man sie flexibel, je nach Bedarf, zubereiten kann

Nachteile:

- Häufig ungünstige Nährstoffzusammensetzung mit zu viel Salz, Fett und Zucker
- Bei hochverarbeiteten Produkten Nährstoffverluste, zum Beispiel von Vitaminen
- Einheitsgeschmack
- Viel Verpackungsmüll

Meal Prep für die nächsten Monate

Letztendlich bedeutet das Selbermachen nichts anderes als Meal Prep, eben nur für einen längeren Zeitraum. Während du beim Meal Prep die kommende Woche vorbereitest und schon weißt, was es die nächsten fünf Tage zu essen gibt, bereitest du die meisten Convenience- und Fertigprodukte für einen längeren Zeitraum von mehreren Wochen oder Monaten zu. Du hast schnelle Helfer in der Hinterhand, die ganz ohne Zusatzstoffe auskommen. Zudem bestimmst du die Zusammensetzung und den Geschmack. Du bereitest also gesunde, leckere Alternativen vor.

Fünf Vorteile von Selbermachen statt Kaufen

Aus den bereits genannten Vor- und Nachteilen von Fertigprodukten aus dem Supermarkt ergeben sich auch gleich die Vorteile von selbst gemachten Bequem-Machern:

1. Genuss

Der Geschmack von Selbstgemachtem ist einfach viel besser als der von gekauften Produkten. Kein Wunder: Du hast frische Zutaten benutzt und nicht mit Aromen, Stabilisatoren oder Emulgatoren nachgeholfen.

2. Gesundheit

Du möchtest dich gesund ernähren und trotzdem soll es manchmal schnell gehen? Dann ist Convenience-Selbermachen genau das Richtige für dich. Du bestimmst, wie viel Zucker, Fett und Salz deinen Gerichten zugefügt werden soll, und Zusatzstoffe kommen gar nicht erst rein.

3. Weniger Müll

Du fragst dich, warum du Vanillezucker selber machen solltest? Na, weil du dadurch jede Menge Müll einsparst. Vanillezucker ist häufig in kleinen 8-Gramm-Tütchen verpackt. Diese wiederum gibt es im Supermarkt als 3er- oder 5er-Pack, jeweils wiederum in Plastikfolie eingeschweißt. Beim Selbermachen verzichtest du auf all das.

4. Geld sparen

Fertigprodukte wie Tiefkühlpizza oder fertige Salatdressings sind oft teurer als die selbst gemachte Alternative. Aber auch wenn du eine Vanilleschote kaufst und mit Zucker in ein Glas füllst, ist der selbst gemachte Vanillezucker viel günstiger, als die kleinen Päckchen aus dem Supermarktregal zu kaufen.

5. Genau richtig für dich

Wenn du dein Essen selber zubereitest, bist du Herr (oder Frau) über die Zutaten. Du wählst aus, was in welchen Mengen in deine Müslimischung oder auf dein Ofenbaguette kommt. Du bereitest dir deine Produkte nach deinem Gusto zu. Heutzutage heißt das »customized«; ein neuer Trend, der mehr und mehr in den Handel kommt und den man mit einem ordentlichen Aufpreis bezahlt.

SIND ZUSATZSTOFFE IN LEBENSMITTELN UNBEDENKLICH?

Viele verarbeitete Lebensmittel enthalten Zusatzstoffe. Sie vereinfachen die Herstellung industriell gefertigter Produkte und haben verschiedene Funktionen. Sie sorgen beispielsweise für längere Haltbarkeit und bestimmen Farbe oder Geschmack. Es gibt über 300 Zusatzstoffe. Da sie teils lange Namen haben, können sie auf der Zutatenliste auch mit ihrer jeweiligen E-Nummer genannt sein.

Was sind E-Nummern?

Das »E« steht für Europa. Alle Zusatzstoffe haben eine in Europa einheitliche Nummer. Das aus Rotalgen gewonnene Carrageen etwa hat die Nummer E 407. Auf der Zutatenliste kann sowohl »Verdickungsmittel E 407« als auch »Verdickungsmittel Carrageen« stehen. Carrageen ist ein Mehrfachzucker, der als Geliermittel (zum Beispiel in Milchprodukten) eingesetzt wird. Alle in Europa zugelassenen Zusatzstoffe mit E-Nummern wurden auf gesundheitliche Unbedenklichkeit getestet.

Welche Arten Zusatzstoffe gibt es?

Es gibt sehr viele verschiedene Arten von Zusatzstoffen, die alle ganz eigene, teils vielfältige Funktionen haben. Einige dienen auch mehreren Aspekten. So kann das in Backpulver enthaltene Diphosphat (E 450) sowohl als Backtriebmittel als auch als Säuerungsmittel eingesetzt werden. Im Folgenden lernst du eine Auswahl an Zusatzstoffen näher kennen.

Antioxidationsmittel

Sie verzögern den Abbau und Verfall von Lebensmittel-Inhaltsstoffen, wenn diese mit Sauerstoff in Kontakt kommen. Sie sorgen beispielsweise dafür, dass Fette nicht so schnell ranzig werden, Obst nicht so rasch bräunt oder Vitamine abgebaut werden. Ascorbinsäure (E 300) in Obstkonserven sorgt etwa dafür, dass auch bei langer Lagerung die Farbe erhalten bleibt. Natürlicherweise kommt Ascorbinsäure (Vitamin C) in vielen Obst- und Gemüsesorten vor.

Backtriebmittel

Sie setzen das Gas Kohlendioxid frei, lockern dadurch Teige auf und vergrößern das Volumen. Natürliche Backtriebmittel sind Hefe und Sauerteig. Das bekannteste chemische Backtriebmittel ist Backpulver. Es besteht aus Natriumkarbonat (E 500) sowie einem Säure- und einem Stärkeanteil, beispielsweise Diphosphate (E 450) und Stärke.

Emulgatoren

Sie halten Öl und Wasser zusammen und sorgen dafür, dass sie sich, zum Beispiel innerhalb einer Sauce, nicht wieder voneinander trennen oder dass das Fett in einer Schokolade gleichmäßig verteilt bleibt. Lezithine (E 322) sind ein bekanntes Beispiel für Emulgatoren. Natürlicherweise kommen sie im Eidotter vor, werden heute aber auch aus Rückständen der Sonnenblumen- oder Rapsölproduktion hergestellt.

Farbstoffe

Wenn Lebensmittel älter werden, verlieren die Farben an Strahlkraft. Farbstoffe verhindern das, indem sie die natürlichen Farbtöne stärken. Sie sorgen für ein immer konstantes Erscheinungsbild eines bestimmten Produktes. Und manchmal verleihen sie Lebensmitteln auch erst ein attraktives Aussehen – etwa bei Süßigkeiten.

Aus gesundheitlichen Gründen sind für viele Farbstoffe Höchstmengen festgelegt. E 160a ist auch unter der Bezeichnung Karotin oder Betacarotin bekannt. Es kommt natürlicherweise in Möhren vor, kann aus Algen oder Palmöl hergestellt oder synthetisch erzeugt werden. Es wird häufig unter anderem bei der Herstellung von Käse, Mayonnaise, Butter oder Eis zugesetzt.

Geschmacksverstärker

Sie werden eingesetzt, um die im Lebensmittel vorhandenen Aromen zu intensivieren. Geschmacksverstärker machen es möglich, in der Lebensmittelherstellung teure Zutaten wie Gewürze einzusparen und stattdessen den vorhandenen Geschmack künstlich zu verstärken. Prominentes Beispiel ist die Glutaminsäure (E 620). Sie wird üblicherweise von Mikroorganismen erzeugt und kommt in Suppen, Würzen oder Fertiggerichten zum Einsatz. Natürlich vorkommende freie Glutaminsäure findet sich beispielsweise in (getrockneten) Tomaten oder Parmesan.

Konservierungsstoffe

Sie machen Lebensmittel haltbar und schützen vor Verderb. Allerdings wirken viele Konservierungsstoffe nur gegen einzelne Organismen. Deshalb werden Konservierungsstoffe miteinander kombiniert, um eine möglichst hohe Haltbarkeit zu erreichen.

Schwefeldioxid (E 220) wird zum Beispiel bei der Weinherstellung eingesetzt, weil es Farbe und Geschmack bewahrt. Auch die Fässer können damit gereinigt werden, denn es wirkt gegen Hefen, Pilze und Bakterien. Bei der Behandlung von Trockenobst verhindert Schwefeldioxid zudem die Dunkelfärbung, übernimmt also die Funktion eines Antioxidationsmittels. Natürliche Konservierungsmittel sind Essig, Alkohol, Salz und Zucker.

Stabilisatoren

Sie sorgen dafür, dass Farbe und Textur eines Lebensmittels auch bei längerer Lagerung stabil bleiben. Farbstabilisatoren etwa helfen dabei, die Farbe zu erhalten oder zu intensivieren. Selbst färben können sie nicht. Der Stabilisator Gummi arabicum (E 414) sorgt beispielsweise dafür, dass Schwebteilchen, zum Beispiel in naturtrüben Fruchtsäften, sich gleichmäßig verteilen und nicht zum Boden absinken. Bei Tiefkühlprodukten verringert der Zusatzstoff die Bildung von Eiskristallen.

Süßungsmittel

Sie ersetzen Zucker und bringen eine angenehme Süße mit, enthalten aber weniger bis keine Kalorien. Süßungsmittel werden in die beiden Gruppen

Zuckeraustauschstoffe und Süßstoffe eingeteilt. Bekannte Beispiele sind etwa der Zuckeraustauschstoff Xylit (E 967), der auch als »Birkenzucker« vermarktet wird, oder der Süßstoff Steviolglycoside/ Stevia (E 960).

Verdickungsmittel
Sie machen Saucen und Fruchtaufstriche dick und sämig und sorgen für ein angenehmes, »volles« oder »rundes« Mundgefühl. Ein bekanntes natürliches Verdickungsmittel ist Stärke, zum Beispiel aus Kartoffeln oder Mais. Modifizierte Stärke hingegen wurde mit anderen Substanzen wie Kaliumpermanganat versetzt. Als modifizierte Stärke können beispielsweise Distärkephosphat (E 1412) oder Hydroxypropylstärke (E 1440) bezeichnet werden.

Keine E-Nummern bei unverpackten Lebensmitteln

Produkte mit kleinen Verpackungen oder solche, die lose – ohne Verpackung – daherkommen, sind nicht mit E-Nummern gekennzeichnet. Beim Bäcker, am Take-away oder im Restaurant kannst du nachfragen. Hier sollte es eine Liste mit verwendeten Zusatzstoffen geben. Manchmal findest du auch Hinweise direkt auf der Speisekarte.

Was ist mit Aromen?

Über 2500 Aromastoffe sorgen dafür, dass industriell hergestellte Produkte immer gleich schmecken. Und bei Produkten, die keinen großen Eigengeschmack enthalten, können sie ein ansprechendes Aroma völlig neu kreieren oder auch einzelne Zutaten ersetzen. Ein Tee mit Bratapfel-Geschmack enthält beispielsweise keinen Bratapfel. Chemisch hergestellte Aromen sind filigrane Mischungen aus vielen einzelnen Komponenten. Auf der Packung erkennt man diese in der Zutatenliste durch die Kennzeichnung »Aroma«. Zwar zählen Aromen nicht zu den Zusatzstoffen, sie benötigen aber häufig Zusatzstoffe, etwa Konservierungsmittel, um ihre Funktion zu erfüllen.

Natürliches Aroma

Aromen werden auf verschiedene Weisen hergestellt. Mikroorganismen und Schimmelpilze beispielsweise können unterschiedlichste natürliche Aromen herstellen. Und: Natürliche Aromen werden nicht zwingend aus den Lebensmitteln gewonnen, nach denen sie schmecken. Sie können auch eine Kombination verschiedener natürlicher Aromastoffe sein, die dann zum Beispiel natürliches Aroma ergeben, das nach Apfel schmeckt, aber gar nicht aus Äpfeln stammt. Auf der Packung steht dann »natürliches Aroma«. Steht in der Zutatenliste hingegen »natürliches Apfel-Aroma«, muss 95 Prozent des zugesetzten Stoffes aus Äpfeln stammen. 5 Prozent dürfen dann – immer noch »natürliches Aroma« – aus anderen Naturstoffen sein.

Das Phänomen der Geschmacksverschiebung

Gesundheitlich sind zugelassene Aromen übrigens unbedenklich. Einzig der Geschmackssinn wird von einem dauerhaften Konsum aromatisierter Lebensmittel verwirrt. Er passt sich dem an, was er oft zu kosten bekommt. Du kennst das vielleicht auch: Wenn du über einen längeren Zeitraum Erdbeerjoghurt mit Erdbeeraroma isst, schmeckt Naturjoghurt mit echten Erdbeeren plötzlich irgendwie fad. Eine Neujustierung deines Geschmackssinns ist aber jederzeit wieder möglich, indem du einfach von Aroma auf echten Geschmack umsteigst.

Schaden Zusatzstoffe der Gesundheit?

Es gibt über 2500 verschiedene Zusatzstoffe, die Lebensmitteln zugesetzt werden. Warum die Fülle? Ein Teil des Problems ist hausgemacht: Wenn wir auf günstige Lebensmittelpreise bestehen, können wir nicht die volle Qualität erhalten. Denn sonst macht der Hersteller ein Minusgeschäft. Er spart also an wertgebenden Zutaten und setzt beispielsweise Farb- oder Aromastoffe ein. Doch was macht das mit unserer Gesundheit, wenn sich Lebensmittel immer weiter von ihrem natürlichen Ursprung entfernen und künstlich aufgepeppt werden?

Hyperaktivität

Bei einigen Zusatzstoffen ist es bereits belegt, bei anderen werden gesundheitliche Einbußen vermutet: Problematisch und in Verruf geraten sind beispielsweise Azofarbstoffe, darunter E 102 – Tartrazin, ein gelber Farbstoff. In Norwegen ist der Zusatzstoff verboten, hierzulande gelten Höchstgrenzen. Lebensmittel, die den Stoff enthalten, müssen folgenden Warnhinweis tragen: »Kann Aktivität und Aufmerksamkeit bei Kindern beeinträchtigen«. Denn es gibt starke Hinweise darauf, dass Tartrazin existierende Aufmerksamkeitsprobleme verstärken kann. Auch Produkte mit den Farbstoffen Chinolingelb (E 104), Gelborange S (E 110), Azorubin (E 122), Cochenillerot A (E 124) und Allurarot AC (E 129) müssen mit dem Warnhinweis versehen sein.

Bauchschmerzen und Co.

Lebensmittel, die Zuckeraustauschstoffe enthalten, tragen ebenfalls einen Warnhinweis, nämlich »kann bei übermäßigem Verzehr abführend wirken«. Blähungen, Bauchschmerzen oder Durchfälle können die Folge eines zu hohen Verzehrs dieser Süßungsmittel sein. Sulfite können bei manchen Menschen, die darauf empfindlich reagieren, zu Kopfschmerzen oder Übelkeit führen.

Weitere gesundheitliche Folgen

Viele gesundheitliche Auswirkungen sind noch nicht hinreichend untersucht oder belegt. Es mehren sich jedoch Hinweise darauf, dass Zusatzstoffe sich unter anderem negativ auf die Darmflora und somit auf unser Immunsystem auswirken können.

Fazit

Zusatzstoffe sind perfekte kleine Helfer bei der Lebensmittelproduktion. Einige benutzt du bestimmt auch selbstverständlich in deiner Küche, etwa Backpulver. Dagegen ist nichts einzuwenden, denn nicht alle Zusatzstoffe sind bedenklich. Allerdings ist es einen Gedanken wert, zu hinterfragen, ob ich wirklich regelmäßig Lebensmittel auf meinem Teller haben möchte, die schön aussehen, weil sie viele Zusatzstoffe enthalten, und die auch gut schmecken, aber eben nach Aromen aus dem Chemielabor. Wie so oft hilft es auch hier, das richtige Maß zu finden, die Zutatenliste zu lesen und öfter mal selbst zu kochen. Übrigens: Bio-Lebensmittel enthalten weniger Zusatzstoffe, weil weniger zugelassen sind.

NÄHRSTOFFZUSAMMENSETZUNG VON FERTIGPRODUKTEN

Je höher ein Produkt verarbeitet ist, umso ungünstiger wird in der Regel die Nährstoffzusammensetzung. Oft haben hochverarbeitete Produkte einen hohen Zucker-, Salz- und Energiegehalt. Was häufig auf der Strecke bleibt, sind satt machende Ballaststoffe, ausreichend Eiweiß sowie Vitamine und Mineralstoffe. Das Beispiel anhand von Tomaten zeigt, wie sich ein Lebensmittel in seiner Zusammensetzung im Laufe der industriellen Weiterverarbeitung verändert:

	100 g Tomate	100 g passierte Tomate	100 g Tomatenketchup
Verarbeitungstiefe	**Roh, am Stück**	**Passiert und wärmebehandelt im Tetrapak oder in der Flasche**	**Püriert, gewürzt, mit anderen Zutaten kombiniert und eingekocht, in der Flasche**
Energie	ca. 17 kcal	ca. 20 kcal	ca. 100 kcal
Vitamin-C-Gehalt	ca. 21 mg	ca. 4 mg	ca. 2 mg
Salz	–	0,4 g	1 g
Zucker	–	–	17 g (3,5 TL)

Dieses Beispiel zeigt, dass die rohe Tomate noch eine gute Portion Vitamin C mitbringt, aber kein zusätzliches Salz oder Zucker. Passierte Tomaten enthalten kaum noch Vitamin C, denn dieses ist hitzeempfindlich und wird durch Erhitzen zerstört. Zudem ist bereits etwas Salz zugefügt. Tomatenketchup hat etwa fünfmal so viele Kalorien wie frische oder passierte Tomaten. Das liegt unter anderem daran, dass dem Ketchup Zucker zugegeben wurde. Außerdem enthält Ketchup oft noch weitere Gewürze und Essig. Tomatenketchup enthält ebenfalls kaum noch Vitamin C, dafür aber eine große Menge Salz und eine noch höhere Menge Zucker.

Gesündere Fertigprodukte einfach selbst herstellen

Der Vergleich zeigt, dass durch die Verarbeitung Kalorien-, Salz- und Zuckergehalt steigen, wertgebende Inhaltsstoffe wie Vitamin C hingegen reduziert werden. Wenn du dein Ketchup selbst zubereitest, wird zwar der Vitamin-C-Gehalt immer noch sehr niedrig sein, weil das Vitamin, wie gesagt, hitzeempfindlich ist. Aber du kannst eigenständig den Zucker- und Salzgehalt reduzieren und dir so ganz einfach ein gesünderes Fertigprodukt herstellen.

Zucker – was gehört dazu?

Zucker gehört zu den Kohlenhydraten und damit, neben Fetten und Eiweißen, zu den Hauptnährstoffen. Haushaltszucker (Saccharose) ist der bekannteste. Honig, Fruchtzucker, Milchzucker, Agavendicksaft oder Ahornsirup spielen auch alle im Team Zucker mit. Natürlicherweise kommt Zucker in fast allen pflanzlichen Lebensmitteln und auch in Milch und Milchprodukten vor. Unser Körper benötigt zum

Überleben also keinesfalls den weißen raffinierten Zucker, der leise aus der Tüte rieselt. Wir können gut und gesund ohne zugesetzten Zucker leben. Und hier beginnt das Problem.

Vorsicht vor Zuckerfallen

Während natürlich vorkommender Zucker in naturbelassenen Produkten keinen Grund zur Sorge darstellt, sieht das bei zugesetztem Zucker schon anders aus. Das Stück Kuchen, der Löffel Zucker im Kaffee und der Vanillepudding zum Dessert – hier sind wir uns vermutlich alle im Klaren, dass wir uns etwas gönnen, und sind mit Genuss bei der Sache. Anders sieht die Sache bei Saftschorlen, Fruchtjoghurts, Grillsaucen, Tiefkühlpizza, Trink-Kakao, Kaffee-Drinks aus dem Kühlregal oder Snacks wie Joghurt-Reiswaffeln aus. Hier tappen wir unbewusst immer wieder in die Zuckerfalle.

Weniger ist mehr

Das Problem am vielen Zucker, den wir häufig zu uns nehmen, auch ohne es zu wissen oder zu wollen, sind vielfältige gesundheitliche Folgeschäden. Haushaltszucker beispielsweise wirkt kariogen, er begünstigt also Karies. Zudem kann ein dauerhaft überhöhter Zuckerkonsum zu Übergewicht und Fettstoffwechselstörungen bis hin zu einer Fettleber und zu Diabetes führen. Der Stoffwechsel gerät in eine Schieflage und eine Lawine an gesundheitlichen Problemen kann ins Rollen kommen. Oft rollt sie im Inneren schon lange unbemerkt und richtet dabei Schäden an, bevor sich erste Symptome zeigen und Diagnosen gestellt werden können.

Zucker in immer mehr Produkten

Zucker ist eine beliebte Zutat bei vielen verarbeiteten Produkten, Convience- und Fertiggerichten. Lebensmitteltechnologisch erfüllt er wichtige Funktionen: Er …

- rundet durch seine Süße Gerichte ab, Bitterstoffe werden abgemildert,
- macht Marmeladen samtig, gibt Kuchen Volumen und eine leichte Textur,
- verleiht Gebackenem eine appetitliche Bräune und
- bindet Wasser und macht Lebensmittel so länger haltbar.

Wenn der Gesamtgehalt an Zucker auf deinem Teller jedoch ständig das empfohlene Maximum überschreitet, macht das auf Dauer krank.

Auch auf die Salzzufuhr achten

Dass zu viel Zucker der Gesundheit schadet, hat sich mittlerweile herumgesprochen. Aber auch zu viel Salz kann das Wohlbefinden beeinträchtigen. 6 Gramm Speisesalz täglich werden als Maximalmenge von der Deutschen Gesellschaft für Ernährung empfohlen, aber über 70 Prozent der Deutschen essen jeden Tag viel mehr Salz.

Salz ist wichtig – doch zu viel schadet

Salz besteht aus Natrium und Chlorid – beides wichtige Nährstoffe für unseren Körper. Ohne Natrium beispielsweise kann Wasser nicht in die Körperzellen aufgenommen werden. Dauerhaft zu viel Salz auf dem Teller unterstützt den Körper jedoch nicht, sondern schadet ihm. Beispielsweise erhöht sich der Blutdruck und das Risiko von Herz-Kreislauf-Erkrankungen steigt.

Ursachen für hohen Salzkonsum

Der Löwenanteil der Salzzufuhr stammt aus verarbeiteten Lebensmitteln und dem Außer-Haus-Verzehr: Restaurants, Imbisse, Kantinen, Mensen … Es ist auch nicht die Prise Salz über dem Frühstücksei, sondern eher die Scheibe Brot mit Käse, die es dazu gibt, was den Salzkonsum ansteigen lässt. Denn neben Fertiggerichten sind es vor allem Brot, Käse und Wurstwaren, die einen hohen Salzgehalt haben und damit das tägliche Salzkonto rasch füllen.

Fazit

Bei verarbeiteten Produkten lohnt sich ein Blick auf die Zutatenliste und Nährwerttabellen doppelt und dreifach. So kannst du einfach nachsehen, wie viel Salz und Zucker enthalten sind und welche Zusatzstoffe verwendet wurden. Wenn du dann noch möglichst häufig naturbelassene Lebensmittel wie Gemüse, Obst, Getreide, Hülsenfrüchte, Kräuter, Salate und Nüsse in deinen Speiseplan integrierst und ab und zu selbst mal den Kochlöffel schwingst, bist du auf dem richtigen Weg zu einer ausgewogenen Ernährung.

Bevor ES LOSGEHT

Damit du lange Freude an deinen auf Vorrat selbst zubereiteten Speisen hast, solltest du ein paar grundlege Dinge im Vorfeld beachten. Denn nichts ist ärgerlicher, als das Ergebnis deiner ganzen Mühe in den Ausguss kippen zu müssen, weil sich Schimmel gebildet hat. Aber Hygiene ist kein Hexenwerk. Auf den nächsten Seiten erfährst du mehr.

WARUM HYGIENE SO WICHTIG IST

Sauberes Arbeiten in der Küche ist immer wichtig, aber wenn es darum geht, dass Zubereitetes länger haltbar sein soll, ist es unabdingbar. Vor allem Mikroorganismen und Enzyme sorgen dafür, dass Lebensmittel verderben. Die gute Nachricht ist: Wenn du weißt, wer dir Probleme macht, kannst du gegensteuern. Und das geht ganz einfach.

Über Mikroorganismen

Mikroorganismen im Allgemeinen gelten als Krankmacher. Tauchen sie in großer Zahl auf, zum Beispiel in Lebensmitteln, schadet das der Gesundheit. Es gibt aber auch harmlose Mikroorganismen, die sogar bewusst in der Lebensmittelproduktion eingesetzt werden, beispielsweise bestimmte Hefen zur Herstellung von Bier oder Brot oder sogenannter Edelschimmel in der Käseproduktion. Die krank machenden Mikroorganismen wollen wir jedoch in Schach halten.

Mikroorganismen befinden sich natürlicherweise auf Lebensmitteln, sie können aber auch aus der Luft oder durch Kontakt mit Gegenständen oder Händen, die weitere Mikroorganismen enthalten, auf das Lebensmittel übertragen werden. Gründliches Händewaschen und saubere Arbeitsmaterialien sind daher Pflicht in der Küche. Lebensmittel verderben, wenn sich die auf ihnen befindlichen Mikroorganismen ungehindert vermehren können.

Bakterien – unsichtbare Mikroorganismen

Es gibt viele harmlose und auch nützliche Bakterien. Im menschlichen Darm leben Billionen davon, sie unterstützen unter anderem die Verdauung und das Immunsystem. Einige Bakterien sorgen jedoch dafür, dass Lebensmittel faulen. Dabei entwickeln sich giftige Stoffe, sogenannte Toxine, die der Gesundheit schaden. Das Gemeine: Die winzig kleinen Bakterien sieht man nur unter dem Mikroskop, und selbst dort kann man nicht erkennen, ob es sich um Freund oder Feind handelt.

Deswegen lieber von vornherein sauber arbeiten, um den Bakteriengehalt möglichst gering zu halten. Das ist übrigens auch ein Grund, warum du immer sauberes Besteck benutzen solltest, wenn du aus angebrochenen Gläsern etwas entnimmst – von Marmelade über Pesto bis zum Sauerkraut.

Am Anfang so wenig Bakterien wie möglich

Bakterien vermehren sich exponentiell. Unter idealen Bedingungen geht das rasend schnell und sie können sich in 10 bis 60 Minuten verdoppeln. Deswegen ist es so wichtig, von Anfang an so wenig Mikroorganismen wie möglich im Lebensmittel zu haben. Deswegen ist sorgfältige Hygiene unverzichtbar, wenn das Lebensmittel lange haltbar sein soll.

Enzyme

Enzyme sind keine Mikroorganismen, sondern Eiweiße. Sie kommen in allem vor, was lebt – egal ob Tier oder Pflanze –, also auch in Lebensmitteln. Im menschlichen Körper übernehmen sie zahlreiche lebenserhaltende Funktionen. Ein Leben ohne Enzyme wäre undenkbar. Enzyme an sich sorgen nicht dafür, dass Lebensmittel verderben. Aber sie schaffen die Bedingungen dafür, indem sie das Gewebe von Lebensmitteln so verändern, dass Keime sich dort ansiedeln können. Sie sorgen dafür, dass das Gewebe von Lebensmitteln weicher wird und sich auflöst – jeder kennt weiche, braune Stellen an Zucchini, Birne oder Tomate. Auch dass Lebensmittel immer weiter reifen, in die Überreife kommen und schließlich matschig werden, geht auf das Konto der Enzyme. Diese Stellen sind dann eine wunderbare Einladung für Bakterien, und auch Schimmelsporen nutzen die Umgebung zum Wachsen.

Schimmel

Sporen von Schimmel finden sich fast überall. Schimmel erkennst du an graugrünem Flaum. Manche Schimmelarten bilden Gifte (Mykotoxine), deshalb musst du Lebensmittel, die von Schimmel befallen sind, fast immer entsorgen. Denn Schimmel bildet ein fadenartiges Gewebe, das sich durch das Lebensmittel durchzieht und sehr schnell auf benachbarte Lebensmittel übergreift. Übrigens: Je höher der Wassergehalt eines Lebensmittels ist, umso leichter wird es Opfer einer Schimmelattacke.

Die fantastischen Vier des Haltbarmachens

Mikroorganismen reagieren auf folgende vier Faktoren:

- pH-Wert,
- Wassergehalt des Lebensmittels,
- Temperatur,
- Sauerstoff.

Enzyme agieren temperaturabhängig und können in ihrer Aktivität eingeschränkt werden. Deshalb sind alle Verfahren, die Lebensmittel haltbar machen, darauf ausgerichtet, den Mikroorganismen eine möglichst lebensfeindliche Atmosphäre zu schaffen: Speisen werden erhitzt oder tiefgefroren, getrocknet, gezuckert oder gesalzen, mit Essig behandelt oder unter Ausschluss von Sauerstoff in Öl eingelegt.

pH-Wert: Schaffst du ein saures Milieu, zum Beispiel durch Einlegen in Essig oder durch milchsaure Gärung (Fermentation), werden viele Bakterien in ihrem Wachstum gehemmt.

Wassergehalt: Durch Trocknen und Dörren, aber auch durch Zuckern oder Salzen entziehst du Lebensmitteln Wasser. Das hemmt Enzyme und Mikroorganismen in ihrer Aktivität.

Temperatur:

- Kühlschranktemperaturen verlangsamen das bakterielle Wachstum und die Enzymaktivität.
- Tiefkühltruhen mit einer Temperatur von –18 °C reduzieren den enzymatischen Verderb noch weiter, das Wachstum von Bakterien wird angehalten.

- Werden Lebensmittel bei hohen Temperaturen über eine gewisse Zeit eingekocht, tötet das einige Bakterien ab und das Wachstum wird verlangsamt. Sporen überleben den Vorgang aber dennoch. Deshalb sind selbst eingekochte Lebensmittel kürzer haltbar als das industriell verarbeitete Produkt aus dem Supermarkt. Letztere werden bei Temperaturen bis zu 135 °C sterilisiert, das tötet dann auch Sporen ab.

Sauerstoff: Die meisten Mikroorganismen benötigen Sauerstoff, daher bleiben in Öl eingelegte Lebensmittel länger haltbar.

Oft wird eine Kombination mehrerer Verfahren genutzt, um Lebensmittel möglichst lange und sicher lagern zu können. Beispielsweise werden Tomaten erst getrocknet, das heißt, der Wassergehalt wird reduziert, und dann werden sie in Öl eingelegt, sodass kein Sauerstoff eindringen kann.

Verfahren	Fantastischer Faktor	Beispiel	Lagerdauer
Kühlen im Kühlschrank	Temperatur	Joghurt, Gemüsepaste	Tage bis Wochen
Tiefkühlen	Temperatur	Pizza	Mehrere Monate
Einkochen	Temperatur	Gemüsefond	Mehrere Monate
Zuckern und Einkochen	Wassergehalt, Temperatur	Marmelade	1 Jahr
In Essig einlegen	pH-Wert	Eingelegte Zucchini	Mehrere Monate
Trocknen	Wassergehalt	Würzmischung-Fix für Salatdressing	Mehrere Monate
Fermentieren	pH-Wert, Wassergehalt	Sauerkraut	Mehrere Monate

Das kleine Hygiene-Einmaleins für die Küche

Wie eben erfahren, lautet die goldene Regel, um lange Freunde an deinen selbst zubereiteten, gesunden Vorräten zu haben, die Anfangskeimzahl zu minimieren. Das klappt mit diesen einfachen vier Schritten.

Schritt 1: Hände waschen

Eigentlich kein Thema, trotzdem der Vollständigkeit halber: Bevor es in die Küche geht, solltest du deine Hände gründlich waschen – und zwar mit Seife und mindestens 20 Sekunden lang. Danach ebenso gründlich abspülen und trocknen.

Schritt 2: Küchengeräte säubern

Geschirr, Küchengeräte, Schneidebretter, Messer, Löffel und die Arbeitsfläche sollten sauber sein. Ebenso Geschirrtücher, die verwendet werden sollen.

Schritt 3: Gläser und Deckel desinfizieren

Gläser und Deckel solltest du desinfizieren, also von einem Großteil an Keimen befreien, bevor du sie befüllst. Dafür gibt es verschiedene Methoden:

- Du kannst zum Beispiel einen großen Topf mit einem Geschirrtuch auslegen, die sauberen Gläser und Deckel hineingeben, mit Wasser anfüllen, aufkochen und 10 Minuten sprudelnd kochen lassen. Dann entnimmst du Gläser und Deckel am besten mit einer Küchenzange und stellst sie mit der Öffnung nach unten bis zur Verwendung auf ein sauberes Geschirrtuch.

- Möchtest du nur kleine Mengen, also ein, zwei saubere Gläser säubern, kannst du sie in dein zuvor sauber geschrubbtes Spülbecken stellen (Stöpsel rein) und Wasser im Wasserkocher aufkochen. Fülle die Gläser nun randvoll mit dem kochenden Wasser und lass etwas Wasser überlaufen. Übergieße die Deckel mit dem kochenden Wasser und lass alles 10 Minuten einwirken. Dann mit der Küchenzange das Wasser ausgießen und die Gläser und Deckel umgedreht auf einem sauberen Küchentuch bis zur Verwendung stehen lassen.

- Weitere Alternative für größere Mengen: Stelle die sauberen Gläser und Deckel auf den sauberen Gitterrost und »backe« alles bei 180 °C für 10 Minuten. Lass die Gläser bis zur Verwendung im geschlossenen Ofen auskühlen.

- Flaschen und deren Verschlüsse sterilisierst du am besten 10 Minuten in einem Topf mit sprudelnd kochendem Wasser.

Gläser wiederverwenden? Klar, das geht super. Du kannst Gläser und Deckel, aber auch Gummiringe (diese vorher mit reinigen) mehrfach wiederverwenden. Auch leere Gurken-, Senf- oder Marmeladengläser aus dem Supermarkt kannst du für deine eigenen Vorräte benutzen. Aber: Du solltest vorher Gläser, Deckel und gegebenenfalls Gummiringe kontrollieren – sie müssen einwandfrei sein. Gläser, an denen der Rand beschädigt ist, musst du entsorgen. Ebenso Deckel, die zu rosten beginnen, oder Gummiringe, die feine Risse enthalten. Risse, Absplitterungen und andere Beschädigungen können eine Brutstätte für Bakterien sein.

Schritt 4: Unversehrte Lebensmittel verwenden

Ein letzter Schritt, um möglichst wenig Mikroorganismen mit auf die Reise zu nehmen, ist die Kontrolle der verwendeten Lebensmittel. Haben Obst oder Gemüse weiche Stellen oder sind braun verfärbt, ist der enzymatische Abbau schon fortgeschritten und die Bakterienmenge ist möglicherweise schon recht hoch. Du kannst diese Lebensmittel immer noch roh oder gekocht verzehren, nur zum Haltbarmachen und längeren Lagern sind sie nicht mehr geeignet, weil die Anfangskeimbelastung zu hoch ist. Benutze am besten reifes, unbeschädigtes Obst und Gemüse. Dieses dann gründlich waschen, putzen, gegebenenfalls schälen und entkernen, und schon kannst du loslegen.

HALTBARMACHEN *im Haushalt*

Mikroorganismen eine Umgebung bereiten, in der sie es schwer haben, sich zu vermehren – das ist das Ziel aller Methoden, um Lebensmittel haltbar zu machen. Oft werden sie miteinander kombiniert. Welche Methoden das sind und wie sie funktionieren, erfährst du auf den nächsten Seiten.

Tiefkühlen – so geht's

Bei Temperaturen von mindestens –18 °C vermehren sich Mikroorganismen nicht mehr. Auch die Enzymaktivität geht zurück. Da die Enzyme aber dennoch weiter auf niedrigem Niveau agieren, ist die Haltbarkeit von selbst produzierten Lebensmitteln, etwa Pizza oder Brötchen, in der heimischen Tiefkühltruhe begrenzt, häufig etwa auf einige Monate. Doch nicht nur die niedrige Temperatur hilft bei der Lagerung. Da sich Wasser in Eis umwandelt, sinkt der Wassergehalt der Lebensmittel. Auch das verhindert mikrobielles Wachstum und erschwert Enzymen das Weitermachen.

Was sich für die Tiefkühltruhe eignet

Generell gilt: Gegarte Produkte, die vorher gekocht, gegrillt oder gebacken wurden, eignen sich eher zum Tieffrieren als rohe Lebensmittel. Die meisten Gemüsesorten werden bei 80 bis 100 °C blanchiert, bevor sie in die Tiefkühltruhe wandern. Alternativ können sie auch 1 bis 2 Minuten gedämpft werden. In beiden Fällen sollten sie danach sofort in Eiswasser gekühlt werden, damit Farbe und Inhaltsstoffe größtmöglich erhalten bleiben. Gewaschenes und geputztes Obst sowie Kräuter friert man in der Regel roh ein. Auch Milchprodukte wie Quark, Butter, einige Käsesorten oder Sahne kannst du einfrieren. Sogar Eier lassen sich, ohne Schale, nur die Eimasse oder Eidotter und Eiklar getrennt, tieffrieren.

Eher nicht geeignet sind wasserreiche Lebensmittel, denn sie werden beim Auftauen sehr matschig, wie beispielsweise Gurken, Blattsalate, Weintrauben, Tomaten, Birnen oder Melonen.

Tiefkühl-Tricks

Willst du mehrere Einzelteile einfrieren, etwa einzelne Pestoschnecken, Erdbeeren oder Maultaschen, gehe am besten portionsweise vor. Friere eine Lage Schnecken, Beeren oder Taschen auf einem mit Backpapier ausgelegten Brettchen oder Teller für circa 2 Stunden ein. Achte darauf, dass alles mit etwas Abstand auf dem Brettchen liegt. Danach kannst du alles zusammen in eine Dose oder einen Beutel füllen, gut verschließen und endgültig tieffrieren (Beschriften und Datum nicht vergessen). Wenn du noch mehr davon

bevorraten möchtest, frierst du eine weitere Portion auf die gleiche Weise ein. Diese kannst du dann, sozusagen vortiefgefroren, in dasselbe Gefäß geben. Warum das Ganze? Durch das einzelne Vorfrieren kleben die einzelnen Beeren oder Maultaschen später nicht aneinander fest und du kannst sie besser portionieren.

Welche Gefäße sich zum Einfrieren eignen

Üblicherweise werden zum Tieffrieren Plastikdosen oder Gefrierbeutel verwendet, weil diese zum einen platzsparend sind, zum anderen luftdicht abschließen. Willst du Plastik vermeiden, probier doch mal plastikfreie Lösungen zum Tieffrieren aus. Gefäße für den Tiefkühler müssen folgende Kriterien erfüllen:

- temperaturbeständig, auch bei Minusgraden,
- luftdicht verschließbar,
- lebensmittelecht und geschmacksneutral.

WAS IST GEFRIERBRAND?

Kommt Luft an deine tiefgefrorenen Lebensmittel, trocknen diese an den betroffenen Stellen aus und werden weiß bis braun. Das beeinflusst den Geschmack, ist aber nicht gesundheitsschädlich. Achte daher immer darauf, dass möglichst wenig Luft in dem Gefäß ist, mit dem du deine Lebensmittel einfrierst.

Zum plastikfreien Tieffrieren kommen infrage:

- Edelstahldosen, geeignet für kurze Dauer
- Einmachgläser (Sturzgläser) mit Schraubdeckeln
    - Achtung: Wenn du Flüssigkeiten einfrierst, befülle diese nur zu zwei Drittel. Denn Flüssigkeiten dehnen sich beim Gefrieren aus; das Glas könnte platzen. Außerdem hilfreich: Nur komplett ausgekühlte Lebensmittel in Gläsern tieffrieren und diese stehend in den Tiefkühler geben.
    - Feste Lebensmittel wie ganze Beeren oder Hackbällchen kannst du ebenfalls in Gläsern einfrieren. Du musst nur etwa 2 Zentimeter Luft nach oben lassen.
- Glasboxen mit Deckel, zum Beispiel zum Einfrieren von Brötchen.

Übrigens: Boxen und Gläser mit festen Lebensmitteln bestenfalls so voll wie möglich füllen. So kommt weniger Luft dran und die Speisen trocknen weniger schnell aus. Das verhindert Gefrierbrand.

Wie richtiges Auftauen funktioniert

Schnelles Auftauen fördert die Keimbelastung, daher ist in der Regel langsames Auftauen im Kühlschrank zu empfehlen. Dabei sollte das Auftaugut am besten in einem Sieb oder auf einem Gitter liegen. Die abtropfende Flüssigkeit solltest du auffangen und entsorgen, denn sie kann keimbelastet sein. Gefrorenes Gemüse und Tiefkühlgerichte bereitest du am besten direkt weiter zu, ohne vorheriges Auftauen.

Einkochen – so geht's

Einkochen, einmachen, einwecken – drei Begriffe, die das Gleiche meinen: Lebensmittel haltbar machen, indem sie in Gläser gefüllt bei Temperaturen zwischen 85 und 100 °C über einen längeren Zeitraum erhitzt werden. Eine lange Einkochzeit tötet einen Teil der Mikroorganismen ab und hemmt deren Wachstum – dadurch sind Lebensmittel länger haltbar, ganz ohne Kühlschrank. Übrigens: Früher wurden auf diese Weise Vorräte für den Winter oder für Notzeiten zubereitet. Davon leitet sich auch heute noch die Redewendung »Es geht ans Eingemachte« ab.

Befüllen

Benutze nur unversehrte, reife Lebensmittel. Du kannst rohe, in Flüssigkeit eingelegte Obststücke, zum Beispiel für Kompott, Gemüse oder bereits gekochte Gerichte wie Bolognese-Sauce oder Kartoffeleintopf einkochen, um diese haltbar zu machen.

Feste Lebensmittel dicht ins Glas füllen und bis 2 Zentimeter unter den Rand mit Flüssigkeit begießen. Dann das Glas mit dem Boden mehrmals auf die Tischplatte klopfen, sodass sich eingeschlossene Luftbläschen freisetzen können. Das Einmachgut sollte vollständig mit Flüssigkeit bedeckt sein. Gegebenenfalls etwas Wasser nachgießen. Dann den Deckel schließen.

Fruchtmark oder pürierte Gemüsesaucen ebenfalls bis 2 Zentimeter unter den Rand einfüllen, damit es sich noch etwas ausdehnen kann. Einkochgut, welches gegebenenfalls noch nachquillt, wie etwa Dinkel-Bolognese, nur bis zwei Drittel der Glashöhe einfüllen. Zum Befüllen am besten einen breiten Edelstahltrichter benutzen, den du direkt auf das Glas legst.

Einkochen

Du kannst deine befüllten Gläser im Topf über einem Wasserbad oder im Backofen einkochen.

Einkochen im Wasserbad

Den Boden eines Topfes, der größer als die Gläser ist, mit einem sauberen Geschirrtuch auslegen. Dann setzt du die Gläser in den Topf (du kannst auch mehrere Gläser übereinanderstapeln). Gläser, die nebeneinanderstehen, kannst du mit weiteren sauberen Geschirrtüchern voneinander trennen, sodass sie beim Kochen nicht aneinanderschlagen. Nun den Topf bis circa 3 Zentimeter unter den Rand mit Wasser füllen. Dabei können die Gläser ruhig vollständig mit Wasser bedeckt sein.

Dabei gilt: Kaltes Einmachgut wird mit kaltem Wasser, heißes Einmachgut mit heißem Wasser angegossen.

Dann dem Topf den Deckel aufsetzen, erhitzen und mit einem Thermometer die Temperatur kontrollieren. Sobald das Wasser die richtige Einkochtemperatur hat, beginnt die Einkochzeit. Anschließend hebst du die Gläser sofort aus dem Topf (dafür gibt es spezielle Zangen) und lässt sie auf einem Holzbrett oder einer anderen zimmerwarmen Unterlage vollständig auskühlen. Durch das Auskühlen bildet sich ein Unterdruck, der den Glasdeckel luftdicht verschließt.

Einkochen im Backofen

Den Backofen auf 170 °C Ober-/Unterhitze (für Obst) oder 200 °C Ober-/Unterhitze (für Gemüse) vorheizen. Die Fettpfanne des Backofens mit einem sauberen Geschirrtuch auslegen und die Gläser mit Abstand auf das Blech setzen. Das Blech in den Ofen schieben und 3 Zentimeter hoch mit Wasser – wieder: kaltes Wasser bei kaltem Einmachgut, heißes Wasser bei heißem Einmachgut – angießen. Nun die Ofentür schließen. Sofern du Obst einkochst, kannst du den Ofen ausschalten, sobald im Glas Bläschen aufsteigen. Kochst du Gemüse ein, kannst du bei der Bläschenbildung die Temperatur auf 150 °C reduzieren und noch eine Stunde einkochen. Dann den Ofen ausstellen. Nach dem Ausstellen die Gläser (Obst und Gemüse) noch 30 Minuten im Ofen lassen. Danach herausnehmen und vollständig auskühlen lassen.

Hat's geklappt?

Hast du Gläser mit Klammern am Deckel benutzt, kannst du diese abmachen, sobald die Gläser vollständig ausgekühlt sind. Hält der Deckel fest? Prima, dann hat es geklappt; das Glas ist »dicht« und du kannst es in deine Vorratskammer stellen. Ist das Glas nicht dicht, kann du es noch ein zweites Mal einkochen oder in den Kühlschrank stellen und in den nächsten Tagen verbrauchen. Bei Schraubdeckelgläsern (Twist-off) kannst du den Erfolg leider erst feststellen, wenn du ein Glas öffnest: hier hörst du ein deutliches »Plopp« beim Öffnen. Das kommt, weil der Deckel ein Vakuum zieht.

Wichtig: Hygiene ist das A und O beim Einmachen. Nur so können Keime in Schach gehalten werden. Außerdem ist es essenziell, dass du die Temperaturen und Einkochzeiten einhältst. Machst du Bohnen oder Fleisch haltbar, solltest du die Gläser zweimal einkochen.

	Einkochtemperatur	Einkochdauer	Haltbarkeit
Marmelade, Fruchtaufstrich	90 °C	30 Minuten	Mehrere Monate
Sirup	90 °C	15 Minuten	Mehrere Monate
Fruchtmus und Fruchtmark	90 °C	30 Minuten	Mehrere Monate
Gemüsepaste, Gemüseaufstrich	100 °C	60 Minuten	Mehrere Monate
Gemüsefond	100 °C	60 Minuten	1 Jahr
BBQ-Sauce, Grillsaucen, Tomatensauce, vorgegart	100 °C	30 Minuten	Mehrere Monate
Gemüsesaucen, roh, z. B. Pesto	100 °C	60 Minuten	Mehrere Monate
Vorgegarte Gemüsegerichte, z. B. Curry	100 °C	30 Minuten	Mehrere Monate
Gemüsesuppe und -eintopf, vorgegart	100 °C	30 Minuten	Mehrere Monate

MARMELADE KOCHEN – SO GEHT'S

Streng genommen dürfen Marmeladen nur »Marmelade« heißen, wenn sie aus Zitrusfrüchten hergestellt sind. Sind andere Früchte im Spiel, etwa die beliebte Erdbeere, ist »Fruchtaufstrich« oder »Konfitüre« der richtige Begriff. Und wenn der süße Brotbelag ausschließlich aus Saft hergestellt wird, zum Beispiel aus Äpfeln oder Johannisbeeren, dann spricht man von »Gelee«. Wer im Alltag von »Marmelade« spricht, meint in der Regel aber alle Sorten Obst und nicht nur Zitrusfrüchte.

Was du zum Konfitüre-Kochen brauchst

- Desinfizierte Gläser und Deckel
- Obst
- gegebenenfalls Zucker
- etwas Säure, zum Beispiel Zitronensaft
- Geliermittel (Pektin)

Obst: Du kannst Marmelade aus frischen oder auch aus tiefgekühlten Früchten zubereiten, wichtig ist nur, dass sie reif und unversehrt sind.

Zucker: Der Zucker sorgt dafür, dass die Konfitüre haltbar wird. Dafür sollte der Zuckergehalt bei 60 Prozent liegen, also etwa 1 Teil Früchte und 1 Teil Zucker. Nun reicht es, die Marmelade einfach heiß in saubere Gläser abzufüllen, damit sie etwa ein Jahr haltbar ist. Du kannst auch weniger oder keinen Zucker verwenden, dann solltest du für eine längere Haltbarkeit den Fruchtaufstrich allerdings 30 Minuten bei 90 °C einkochen oder im Kühlschrank aufbewahren und rasch verbrauchen.

Benutzt du Vollrohrzucker, verleihst du deinen Konfitüren eine zarte Karamellnote, das passt zum Beispiel gut zu Birnen. Aber: Der Aufstrich wird dadurch eine dunkle Farbe bekommen.

GELIERZUCKER

Gelierzucker ist eine Kombination aus Zucker und Geliermittel. Hier brauchst du nicht noch Pektin oder ein anderes Geliermittel zuzugeben. Es gibt Gelierzucker in den Verhältnissen 1 : 1, 2 : 1 und 3 : 1. Das bedeutet: auf 1 Teil Zucker kommen entweder 1 Teil, 2 Teile oder 3 Teile Früchte. Bio-Gelierzucker enthalten keine weiteren Konservierungsmittel. Hier ist der Gelierzucker 2 : 1 und 3 : 1 weniger als ein Jahr haltbar – es sei denn, du kochst die Gläser ein. Bei konventionellem Gelierzucker kann Konservierungsmittel zugesetzt sein, sodass trotz Zuckerreduktion die Marmelade ein Jahr haltbar ist. Die Informationen dazu findest du auf der Produktverpackung. Wie du Gelierzucker einfach selbst machen kannst, erfährst du auf Seite 54.

Säure: Säure in der Marmelade sorgt dafür, dass sie eine feste Konsistenz, einen ausgewogenen Geschmack und eine leuchtende Farbe bekommt. Außerdem sorgt sie dafür, dass der Gelierpunkt schnell erreicht wird. Säure kommt natürlicherweise bereits in vielen Früchten vor, einige enthalten aber nur wenig. In diesem Fall muss noch etwas Zitronensaft hinzugefügt werden.

Früchte mit einem hohen Säuregehalt sind Äpfel, Blaubeeren, Johannisbeeren, Pflaumen, Stachelbeeren und Sauerkirschen. Diese benötigen keinen zusätzlichen Zitronensaft. Zudem enthalten sie auch reichlich Pektin, sodass du mit diesen Früchten eine

Marmelade ohne Pektinzugabe oder Gelierzucker kochen kannst. Sie wird auch so fest. Du kannst diese Früchte auch mit anderen, pektinarmen Früchten kombinieren – in diesem Fall sparst du dir ebenfalls die Pektinzugabe (zum Beispiel in einer leckeren Erdbeer-Pflaumen-Konfitüre).

Ansonsten gibst du säurearmem Obst wie beispielsweise Birnen, Aprikosen, Pfirsichen, Erdbeeren und Kirschen vor dem Kochen je Kilogramm Früchte den Saft von 1 Zitrone hinzu.

Geliermittel: Pektin kommt natürlicherweise vor allem in den Schalen von Früchten vor. Reich an Pektin sind beispielsweise Äpfel, Johannisbeeren, Stachelbeeren, Pflaumen und Quitten. Gelierzucker enthält zugesetztes Pektin. Im Handel gibt es außerdem noch Apfelpektin zu kaufen. Wenn du deinen Fruchtaufstrich mit pektinreichem Obst ergänzt, benötigst du keine Pektinzugabe und keinen Gelierzucker. Orientiere dich am besten am Verhältnis 1 : 1 : 2, das heißt: 1 Teil pektinreiches Obst plus 1 Teil Marmeladenobst (zum Beispiel Erdbeeren) plus 2 Teile Zucker.

Auch Agar-Agar, ein Geliermittel auf der Basis von Rotalgen, wird teilweise zur Marmeladenherstellung benutzt. Für 1 Kilo Früchte benötigst du etwa 3 TL Agar-Agar. Dosiere lieber vorsichtig, sonst bekommt die Marmelade einen Eigengeschmack. Und wichtig zu wissen: Konfitüren mit Agar-Agar werden erst beim Abkühlen fest.

Fruchtanteil	Zuckeranteil	Haltbarkeit
500 g	500 g	Heiß abfüllen, 1 Jahr haltbar
500 g	250 g	Heiß abfüllen und begrenzte Haltbarkeit oder zusätzlich einkochen (90 °C, 30 Minuten)
500 g	170 g	Heiß abfüllen und im Kühlschrank begrenzt haltbar oder zusätzlich einkochen (90 °C, 30 Minuten)
500 g	–	Im Kühlschrank 1 bis 2 Wochen haltbar oder zusätzlich einkochen (100 °C, 20 Minuten)

Marmelade zubereiten Schritt für Schritt

Zum Loslegen benötigst du frische reife Früchte, etwa Erdbeeren oder Aprikosen (oder alternativ TK-Obst). Die Früchte müssen gewaschen, getrocknet, geputzt, teils entkernt oder entsteint und gegebenenfalls auch zerkleinert werden.

Auszuckern

Gib diese Früchte nun mit einem Teil des Gelierzuckers in einen Topf und lass sie so für circa 1 Stunde ruhen. Der Zucker entwässert die Früchte, sodass du beim Aufkochen nicht noch zusätzliches Wasser zufügen musst. Diesen Vorgang nennt man »auszuckern«; durch ihn schmeckt deine Marmelade danach vollmundiger.

Kochen

Gib jetzt den Zitronensaft und den restlichen Gelierzucker hinzu und erwärme alles unter ständigem Rühren, bis sich der Zucker aufgelöst hat.

Magst du Konfitüren lieber samtig-glatt und ohne Stücke, kannst du die weiche Obstmasse nun mit dem Mixstab pürieren. Das ist jedoch kein Muss. Magst du Konfitüren lieber stückig, kannst du auf den Pürierstab verzichten.

Dann kochst du die Marmelade einmal sprudelnd auf, ohne dabei zu rühren. Mache nun die Gelierprobe. Hinweis: Je länger du die Masse kochen lässt, desto fester wird die Konfitüre.

Gelierprobe

Es gibt verschiedene Methoden, um zu testen, ob die Marmelade bereits geliert. Ich benutze am liebsten die Kochlöffelstiel-Methode. Dazu gibst du den runden Holzstiel eines Kochlöffels in die heiße Marmelade und drehst ihn im Kreis. Nun hältst du den Löffel über die heiße Masse und lässt die Marmelade vom Löffelstiel zurück in den Topf tropfen. Bleibt der letzte Tropfen am Stiel hängen, ist der Gelierpunkt erreicht und du kannst die heiße Masse sofort abfüllen.

Eine weitere Möglichkeit: Du stellst ganz zu Beginn deiner Marmeladen-Koch-Aktion eine Untertasse in

den Tiefkühler. Gib einen Tupfer Marmeladenmasse aus dem Topf auf den eiskalten Teller und puste ihn etwas an. Bildet sich eine Haut oder zeigen sich kleine Fältchen? Super – der Gelierpunkt ist erreicht.

Du kannst auch ein Zuckerthermometer benutzen: Zeigt es 104 bis 105 °C an, ist der Gelierpunkt erreicht.

Abfüllen

Nun solltest du die Marmelade sofort heiß in saubere Gläser abfüllen. Hilfreich ist dabei ein sogenannter Marmeladentrichter aus Edelstahl. Der hält nämlich zuverlässig den Glasrand sauber und schützt so vor Schimmelbefall. Du solltest die Gläser bis etwa 1 Zentimeter unter den Rand befüllen und dann sofort verschließen.

Auf den Kopf stellen?

Dass man Marmeladengläser auf den Kopf stellen soll, ist eine Empfehlung, die aus alten Zeiten stammt. Der Hintergrund: Die heiße Masse soll Deckel und Glasrand sterilisieren und so vor Schimmel schützen. Da du aber alles vorher desinfiziert und sauber gearbeitet hast, ist das nicht notwendig. Du machst aber auch nichts falsch damit. Wenn du allerdings ganze Früchte in deiner Konfitüre hast, solltest du die Gläser dennoch für etwa 10 Minuten auf den Kopf stellen. Warum? Stellst du das Glas auf den Kopf, verteilen sie sich gleichmäßiger in der Masse; tust du es nicht, würden sie einfach auf den Boden sinken.

Schimmel – was nun?

Es lässt sich nicht immer vermeiden. Manchmal steckt einfach der Wurm drin und plötzlich ist Schimmel auf der Marmelade. Was nun? Die oberste Schicht einfach abnehmen und den Rest essen? Nein, auf keinen Fall! Denn Schimmel zieht sich mit seinem fadenartigen Gewebe durch das ganze Glas, auch wenn es nicht sichtbar ist. Leider musst du den ganzen Inhalt des Glases entsorgen.

FERMENTIEREN – SO GEHT'S

Andere Begriffe für Fermentation sind auch »milchsauer einlegen« oder »milchsauer vergären«. Denn Hauptakteure bei dieser Methode zur Haltbarmachung sind die »guten« Milchsäurebakterien. Das bekannteste fermentierte Produkt hierzulande ist Sauerkraut, aber auch das aus Korea stammende Kimchi (fermentierter Chinakohl) wird immer beliebter. Und sogar bei der Joghurtherstellung sind Milchsäurebakterien am Werk, denn sie wandeln Milch zu Joghurt um.

Was bei der Fermentation passiert

Die unter anderem auf dem Gemüse natürlicherweise vorkommenden Milchsäurebakterien bauen den im Kohl enthaltenden Zucker unter Ausschluss von Sauerstoff zu Milchsäure ab. Das senkt den pH-Wert und gibt den Gemüsen einen säuerlichen Geschmack. Das Ganze findet in einer 2-prozentigen Salzlake und bei bestimmten Temperaturen statt. Diese Umgebung stört die Milchsäurebakterien nicht. Sie sind säure- und salztolerant und wachsen munter, während andere Bakterien sich unter diesen Bedingungen kaum vermehren können. Es ist wichtig, dass du die Bedingungen, unter denen eine Fermentation gelingt, kennst und einhältst. Sonst kommt es statt zur Fermentation zur Fäulnis.

Was du zum Fermentieren brauchst

- Gemüse (oder Obst)
- Salz
- Gewicht
- Geduld

Gemüse: Fast alle Gemüsesorten eignen sich zum Fermentieren. Besonders gut klappt es mit festem Gemüse wie Kohl, Rote Bete, Kürbis, Möhren, Radieschen, Kohlrabi oder Fenchel. Du kannst aber auch weichere Gemüsesorten wie Zucchini oder sogar Tomaten fermentieren. Verwende dann am besten eine Salzlake, denn wenn du Zucchini oder Tomaten zu fest drückst, zermatschen sie. Du kannst Gemüsesorten auch mischen. Und wenn du Spaß am Fermentieren gefunden hast, kannst du auch mit Kräutern und Gewürzen experimentieren.

Achte darauf, dass das Gemüse einwandfrei ist, also keine matschigen Stellen oder gar Schimmel aufweist. Am besten nimmst du Bio-Gemüse. Warum? Weil es nicht mit Pflanzenschutzmitteln behandelt wurde. Die zur Fermentation benötigten Milchsäurebakterien sitzen nämlich auf der Schale und Pflanzenschutzmittel würden ihnen schaden.

Salz: Das Salz ist enorm wichtig bei der Fermentation. Es sorgt dafür, dass andere Mikroorganismen in Schach gehalten werden, während es den Milchsäurebakterien nichts anhaben kann. Dazu einfach die zu fermentierenden Lebensmittel wiegen und dann 2 Prozent des Gewichts an Salz zugeben.

Gewicht: Die Fermentation läuft unter Ausschluss von Sauerstoff ab. Daher muss das Gemüse (oder Obst) für die gesamte Dauer von Salzlake bedeckt sein. Es gibt bestimmte Fermentationsgewichte, die dabei helfen, die Lebensmittel in die Lake zu drücken. Für den Anfang kannst du auch einfach einen Gefrierbeutel mit Wasser oder Murmeln füllen und damit das Gemüse im Glas unter die Wasseroberfläche drücken.

Geduld: Manche Fermente gehen ganz schnell, für andere benötigst du viel Geduld. Sauerkraut beispielsweise braucht bis zu sechs Wochen, bis es fertig ist. Tomaten hingegen sind schon nach einigen Tagen essbereit. Die meisten Fermente reifen im Kühlschrank noch zwei Wochen nach. Ein paar Wochen solltest du dich in den meisten Fällen also gedulden können, bis du dein Ferment genießen kannst.

Gemüse fermentieren – Schritt für Schritt

Zunächst bereitest du dein Gemüse vor: abspülen, putzen und zerkleinern.

Für weicheres Gemüse: Möchtest du ein etwas weicheres Ferment, kannst du Gemüse wie Kohl, Möhren oder Kohlrabi auf einer Reibe in Streifen hobeln, diese abwiegen und 2 Prozent des Gemüsegewichts an Salz zugeben. Nun verknetest du alles in einer Schüssel, bis ausreichend Lake austritt. Das dauert einige Minuten. Dann schichtest du alles sehr dicht, damit keine Luftblasen (Sauerstoff) eingeschlossen werden, in ein desinfiziertes Glas. Du kannst die Masse auch mit einem Stößel vorsichtig verdichten. Das Gemüse sollte vollständig von Lake bedeckt und das Glas zu maximal drei Viertel befüllt sein.

Für knackiges oder wasserreiches Gemüse: Stelle das desinfizierte Glas auf eine Waage und starte den Messvorgang. Nun kannst du Gemüse in Stiften oder beispielsweise ganze Früchte wie Cherrytomaten hineinschichten und dabei wiegen. Jetzt gieße alles mit Wasser auf und wiege Gemüse und Wasser. Gib das Wasser zurück in eine gesonderte Schüssel, füge 2 Prozent des Gewichts von Gemüse und Wasser als Salzmenge hinzu und löse das Salz auf. Dann gibst du alles zurück ins Glas. Achte darauf, dass etwa ein Viertel des Glases frei bleibt.

Beschweren und Warten

Egal ob im eigenen Saft oder mit Salzlake – das dicht geschichtete Gemüse im Glas wird nun mit einem Gewicht beschwert und der Deckel des Glases lose aufgelegt, so kann Druck entweichen, aber nichts eindringen. Fermentierst du öfter, gibt es auch dafür eine Lösung: spezielle Fermentationsdeckel. Stelle das Glas am besten in einen tiefen Teller, sodass eventuell austretende Flüssigkeit aufgefangen werden kann. Das Glas sollte nun etwa zwei Tage bei 20 bis 22 °C möglichst im Dunkeln stehen. Steigen Bläschen auf, startet die Fermentation. Jetzt ist eine Umgebungstemperatur von 15 bis 18 °C ideal.

Endlich fertig?

Im Schnitt brauchen Fermente 10 bis 20 Tage, bis sie fertig sind. Es hängt immer auch von deinem persönlichen Geschmack ab: Wie sauer magst du es? Probiere ruhig zwischendurch mit einer sauberen Gabel. Ist das Ferment fertig, entferne das Gewicht, schließe den Deckel und lass alles im Kühlschrank noch ein bis zwei Wochen reifen. Dann kannst du es nach und nach verbrauchen.

Fermente sind gesund

Wusstest du schon, dass fermentierte Lebensmittel wunderbar für deine Darmflora sind? Sie kräftigen diese mit den guten Milchsäurebakterien, stärken dadurch das Immunsystem und fördern die Verdauung. Dosensauerkraut aus dem Supermarkt hat diese Funktionen leider nicht mehr. Denn es wurde hocherhitzt, um lange haltbar zu sein. Diese Temperaturen überleben die Milchsäurebakterien nicht – daher auch kein Bonus für Darm und Immunsystem.

Ist das Ferment genießbar?

Bei der Fermentation ist Hygiene oberstes Gebot, damit krank machende Keime keine Chance haben. Aber auch die Einhaltung der Salzmenge ist entscheidend für eine sichere Fermentation. Riecht das Ferment stechend, wird dir davon übel oder du bist dir unsicher, ob es noch gut ist, dann entsorge es lieber und setze ein Neues an. Du kannst auch eine kleine Menge probieren. Sagt dir dein Magen, dass es nicht in Ordnung ist, dann hör auf ihn und tu es weg.

WEITERE METHODEN ZUR HALTBARMACHUNG

Es gibt noch einige weitere Methoden, um Lebensmittel im Haushalt haltbar zu machen, die du auch im Rezeptteil wiederfindest.

Dörren

Beim Trocknen wird den Lebensmitteln Wasser entzogen. Dadurch enthalten sie weniger Feuchtigkeit und sind ein eher unattraktiver Lebensraum für Mikroorganismen. Das macht sie lange haltbar. Am einfachsten klappt das Trocknen im Sommer, wenn es ohnehin heiß ist. Am besten eignen sich dazu vor allem Kräuter. Diese musst du nämlich einfach nur säubern, zu Sträußen zusammenbinden und an einem geschützten, luftigen Ort von der Decke baumeln lassen. Schon hast du getrocknete Kräuter, zum Beispiel für ein Salatdressing, auf Vorrat. Selbst getrocknete Kräuter sind übrigens viel aromatischer als gefriergetrocknete Kräuter aus dem Supermarktregal.

Und im Winter?

Wenn du im Winter etwas trocknen willst, musst du leider den Backofen anschmeißen. Dazu den Ofen auf die niedrigste Stufe einstellen, ein Blech mit Backpapier auslegen und die Kräuter darauf verteilen, einen runden Holzlöffelstiel in die Ofentür stecken, damit Feuchtigkeit entweichen kann, und immer mal wieder einen Blick hineinwerfen, ob schon alles fertig ist. Auf diese Weise – nur bei etwas höheren Temperaturen und mit Öl – werden auch Gemüsechips, zum Beispiel aus Grünkohl, zubereitet.

In Essig einlegen

Vielleicht kennst du es noch von früher – in Essig eingelegten Kürbis oder Mixed Pickles. Da sehr hohe Konzentrationen an Essig ungenießbar sind, wird in Essig Eingelegtes häufig vorher noch erhitzt, gezuckert oder gesalzen, um eine längere Haltbarkeit zu erzielen. Es gibt zwei hilfreiche Faustregeln: Heißer Essig macht Gemüse weicher, kalter Essig lässt es knackig. In der Regel wird das Gemüse mit einer Mischung aus Wasser, Essig, Salz, Zucker und Gewürzen übergossen. Du solltest deine Pickles vorher ein paar Tage (oder Wochen) durchziehen lassen, zum Beispiel im Kühlschrank.

In Öl einlegen

Wer kennt es nicht – eingelegte Tomaten in Öl oder andere Antipasti. Öl schließt luftdicht ab. Hier ist es wichtig, dass du vor dem Verschließen sehr hygienisch arbeitest und keine Luftblasen im Öl eingeschlossen sind. Für eine längere Haltbarkeit solltest du das Gemüse vor dem Einlegen trocknen, salzen, in Essig marinieren oder erhitzen – oder sogar eine Kombination aus allen Methoden. Pesto beispielsweise sollte mit Öl bedeckt sein, um es zu schützen und länger haltbar zu machen. Da Pesto in der Regel aus rohen Kräutern zubereitet wird, ist die Haltbarkeit aber stark begrenzt. Du kannst in Öl eingelegte Lebensmittel (inklusive Pesto) auch einkochen. So erreichst du eine längere Haltbarkeit.

BESCHRIFTEN UND ETIKETTIEREN

Warum erwähne ich das extra? Weil es mir immer und immer wieder passiert: Ich bin im Vorratsfieber und denke: Ja klar weiß ich, was da im Glas ist, ich habe das doch gerade erst gemacht. Ich beschrifte das später. Und dann landet Glas für Glas im Schrank und ich habe irgendwann den Überblick verloren. Dann öffne ich eine Backmischung, um Zitronenkuchen zu backen, wundere mich noch, dass der Teig etwas komisch ist, und habe am Schluss einen Hefekuchen gebacken – genießbar, aber nicht lecker. Schade um die Mühe.

Etikettieren ist aber nicht nur wichtig für das »Was«, sondern auch für das »Wann«. Denn um Sicherheit zu gewährleisten, sind Lebensmittel begrenzt haltbar. In den meisten Fällen sagt dir das deine Nase, aber wenn du weißt, bis wann du einen Vorrat verbraucht haben solltest, kannst du das auch besser einplanen. Es wäre doch schade, wenn das Ergebnis deiner ganzen Mühe in der Mülltonne landet, nur weil du vergessen hattest, dass die Zubereitung schon eine Weile her war.

Um noch mal an den Anfang zu gehen: Wir versuchen, durch die Methoden der Haltbarmachung Mikroorganismen in Schach zu halten. Aber sie sind nicht tot, nur ruhiggestellt. Und je länger eine Lagerung dauert, desto höher ist die Gefahr, dass krank machende Keime die Oberhand gewinnen. Deswegen ist es wichtig, nicht nur zu notieren, was du eingemacht hast, sondern auch das entsprechende Datum dazuzuschreiben.

Richtig lagern im Kühlschrank und Tiefkühler

Du solltest darauf achten, dass alles, was du in den Kühlschrank und den Tiefkühler stellst, verpackt – idealerweise sogar luftdicht verpackt – ist, damit es nicht austrocknet. Schokoküsse könntest du bis zum Servieren beispielsweise in einer Glasbox mit Deckel im Kühlschrank aufbewahren. Warme Speisen solltest du immer auskühlen lassen, damit sie die kühlen Lebensmittel nicht mit erwärmen und die Temperatur gehalten werden kann. Achte darauf, dass Kühlschrank und Kühltruhe nicht überfüllt sind. Sonst kann die Luft nicht ausreichend zirkulieren.

Richtig lagern im Vorratsschrank

Ideale Lagerräume sind dunkel und kühl. Heutzutage ist es allerdings oft etwas zu warm. Da warme Luft nach oben steigt, lagere deine Vorräte möglichst weit unten und stelle die Dinge, die bald verbraucht werden müssen, nach vorne. Übrigens: Auch wenn sich die Farbe verändert, zum Beispiel von Chutneys oder Marmeladen, und sich bräunlich verfärbt, kann der Inhalt immer noch völlig in Ordnung sein. Genau um diesen Verfärbungen entgegenzuwirken, werden bei industriell hergestellten Lebensmitteln Zusatzstoffe beigemischt.

SCHNELL GESUND KOCHEN MIT SELBSTGEMACHTEN BASICS

Ist der Alltag voll durchgetaktet oder brennt es gerade auf der Arbeit, bleibt gesunde Ernährung oft auf der Strecke. Doch genau jetzt würde eine gesunde Ernährung dem gestressten Körper und Geist besonders guttun. Meistens greifen wir dann zu dem, was gerade da ist – oft zucker- oder fettreich.

Mit ein bisschen Vorbereitung kannst du dem ganz einfach entgegensteuern. So machen es die Köche und Köchinnen im Restaurant beispielsweise auch. Sie fangen nicht erst an zu kochen, wenn Gäste kommen. Das würde viel zu lange dauern. Sie haben im Vorfeld viele Komponenten vorbereitet, die es ihnen ermöglichen, in Windeseile ein schmackhaftes Menü auf den Tisch zu bringen.

Stufenweise vorkochen

Die Rezepte in diesem Buch bestehen teilweise aus ganzen Gerichten, die du nur noch im Topf oder Ofen aufwärmen musst, die du aber auch durch frische Komponenten ergänzen kannst, beispielsweise frische Kräuter, Tomatenwürfel oder Frühlingszwiebelringe. Mit anderen Rezepten stellst du Saucen wie Ajvar oder Bolognese her, die du eine ganze Weile im Schrank lagern kannst. Du brauchst nur noch Reis, Couscous oder Nudeln dazu kochen und nach Belieben mit frischem Gemüse, Kräutern, Parmesan oder Feta ergänzen, und schon ist die Mahlzeit fertig.

Vorrat sinnvoll ergänzen

Für die schnelle Küche ergänzt du einen Vorrat am besten durch ungewürztes TK-Gemüse und Kräuter. Wieso? Weil du dann ganz einfach Gerichte verändern, ergänzen oder anreichern kannst. Ich habe zum Beispiel immer eine Packung TK-Beeren da. Die kommen am Morgen gefroren über meine Müslimischung. Auch Mais gibt es tiefgekühlt. Er lässt sich dadurch viel besser portionieren, zum Beispiel auf der TK-Pizza oder als Ergänzung in der Bolognese-Sauce. Und du musst nicht gleich eine ganze angebrochene Dose Mais aufbrauchen.

Backmischungen – nicht unterschätzen

Auch die selbst gemachten Backmischungen sind ein Segen für die schnelle Küche. Alles ist schon abgewogen. Es müssen nur noch die frischen Zutaten wie Ei, Butter oder Milch eingerührt werden, und schon können Kuchen oder Zimtschnecken in den Backofen. Das klappt sogar auf die Schnelle am Sonntagmorgen, um die Lieben damit zu überraschen. Und auch für Spontanbesuche oder überraschende Einladungen bist du so bestens gewappnet.

Gesund gut vorbereitet

Gesunde Ernährung klappt nicht nebenbei. Aber mit den Rezepten aus diesem Buch kannst du ganz flexibel, immer mal wieder, wenn du Zeit und Lust hast, deinen Vorrat nach und nach aufstocken. So findest du außerdem heraus, welche Gerichte du besonders gerne magst und wie du sie dank deiner Vorräte fest in deinen Speiseplan integrierst. Dann kannst du auch mal am Wochenende eine richtige Kochsession machen und alle leeren Regale wieder auffüllen. So bist du perfekt gewappnet für stressige Tage und kannst dennoch schnell etwas Gesundes auf den Tisch zaubern. Im Vorfeld macht das zwar zugegeben etwas Arbeit, die zahlt sich aber doppelt aus, wenn es dann drauf ankommt. Auf Dauer lebst du auf diese Weise gesünder und kannst sogar Stress reduzieren, weil du das sichere Gefühl hast, vorbereitet zu sein.

HASELNUSS
BROT
BASILIKUM

Schnelle KLEINE HELFER

Wusstest du, dass Puddingpulver hauptsächlich aus Stärke und Vanille oder eben Kakao besteht? Das kannst du dir ratzfatz selbst zusammenmischen. Auch Salatdressing kannst du dir auf Vorrat in den Schrank stellen, Brühe sowieso. So bleiben die kleinen Helfer schnelle Helden – nur jetzt gesund und selbst gemacht.

KÜCHENTIPPS

- Für eine längere Haltbarkeit die Paste portioniert in Eiswürfelförmchen einfrieren oder das Glas 30 Minuten bei 100 °C im Topf einkochen.

- Die Paste aromatisiert beispielsweise Suppen, Risotto, Kartoffelbrei, Gemüsepfannen oder Aufläufe.

GEMÜSE-WÜRZPASTE

Für ca. 300 g Würzpaste
Zubereitungszeit: 30 Minuten
Haltbar bis: 2–4 Wochen im Kühlschrank

Zutaten:

- 10 g getrocknete Steinpilze
- 2 Knoblauchzehen
- 150 g Knollensellerie
- 60 g Parmesan
- 2 EL Olivenöl
- 1 TL Zucker
- 100 g getrocknete Tomaten
- 40 g Tomatenmark
- 30 g Kapern

- Blitzhacker oder Pürierstab
- 1 gründlich gereinigtes, trockenes Einmachglas (alternativ: Schraubglas)
- Eiswürfelförmchen (zum Tiefgefrieren)

Zubereitung:

- Die getrockneten Steinpilze in ein Schälchen geben, mit lauwarmem Wasser bedecken und 20 Minuten lang einweichen lassen. Anschließend die Pilze herausnehmen und klein hacken, etwas Einweichwasser zurückbehalten. Während des Einweichens den Knoblauch schälen und grob klein schneiden. Den Sellerie schälen und ebenfalls in kleine Stücke schneiden. Den Parmesan reiben.

- 1 EL Olivenöl in einer beschichteten Pfanne erhitzen. Knoblauch und Sellerie darin auf höchster Stufe 2–3 Minuten scharf anbraten. Dann auf mittlere Hitze reduzieren, 10 Minuten weitergaren, Zucker zugeben und karamellisieren lassen.

- Die Tomaten, den geriebenen Parmesan, das Tomatenmark, die Steinpilze und 2 EL Einweichwasser in einen hohen Rührbecher oder Blitzhacker füllen. Knoblauch, Sellerie und Kapern dazugeben sowie das restliche Olivenöl. Alles zu einer homogenen Paste pürieren und in ein gründlich gereinigtes Glas abfüllen.

- Die Paste mit Olivenöl bedecken (wie beim Pesto), den Deckel schließen und im Kühlschrank aufbewahren.

SPAGHETTI MIT WÜRZPASTE

Für 2 Portionen:

- 200 g Spaghetti nach Packungsanleitung al dente garen. 1–2 EL Würzpaste unterrühren und alles gut vermengen. Mit Oreganoblättchen und nach Belieben mit etwas Parmesan bestreuen und servieren.

EINFACHE GELBE CURRYPASTE

Für 1 Glas à ca. 120 g
Zubereitungszeit: 20 Minuten
Haltbar bis: ca. 4 Wochen im Kühlschrank

Zutaten:

- 2–3 kleine rote Chilischoten
- 4 cm Ingwer
- 4 cm Galgant (30 g)
- 4 cm Kurkuma (22 g)
- 1 Stange Zitronengras
- 2 Schalotten
- 2 Knoblauchzehen
- Schale von 1 Limette
- 1 TL gemahlener Kreuzkümmel
- 1 TL gemahlener Koriander
- ½ TL gemahlener Zimt
- 1 TL gemahlene Nelken

- Fleischklopfer
- Blitzhacker, Mixer oder Pürierstab
- 1 gründlich gereinigtes, trockenes Einmachglas (alternativ: Schraubglas)

Zubereitung:

- Die Chilischote waschen, den Stiel abschneiden und die Chilischote klein schneiden. Ingwer, Galgant und Kurkuma waschen, schälen und klein schneiden. Zitronengras waschen, äußere Blätter entfernen, mit einem Fleischklopfer platt klopfen und klein schneiden. Schalotten und Knoblauch schälen und klein schneiden. Die Limette heiß abspülen und die Schale fein abreiben.

- Eine trockene Pfanne erhitzen und Kreuzkümmel, Koriander, Zimt und Nelken darin 2–3 Minuten rösten. Alle Zutaten in einen Blitzhacker oder einen Mixer geben und zu einer fein-faserigen Masse pürieren. Diese in ein gründlich gereinigtes Glas füllen und im Kühlschrank aufbewahren. Zum Entnehmen immer einen sauberen Löffel benutzen, dann hält sich die Paste mehrere Wochen.

CURRYWURST MIT SAUCE

Für 4 Portionen:

- 3–4 TL der Currypaste mit 400 g Tomatenketchup (selbst gemacht, siehe Seite 81, oder gekauft) und 150 ml Wasser in einem Topf erwärmen und gründlich verrühren. Währenddessen 4 Bratwürste grillen oder in einer Pfanne braten, in kleine Stücke schneiden und mit der Sauce vermengen. Die Currywurst auf Teller verteilen. Dazu passen grüner Salat, gegrillte oder gebratene Maiskolben, Kartoffel-Wedges oder Bauernbrot.

TIPP

- Mit der Currypaste lassen sich auch hervorragende Thai-Currys herstellen, etwa mit Tofu und Zuckererbsenschoten oder mit Kartoffeln und Blumenkohl.

CAREER IN BANKING

GEMÜSEBRÜHE OHNE SALZ

Für 1 Glas à ca. 230 ml Inhalt
Zubereitungszeit: 15 Minuten + 6–8 Stunden zum Trocknen
Haltbar bis: ca. 4–6 Monate

Zutaten:

- 200 g Möhren
- 250 g Knollensellerie (möglichst mit Selleriegrün)
- 200 g Lauch
- 300 g Zwiebeln
- 100 g Champignons
- 1 Chilischote (nach Belieben)
- 1 Bund Petersilie
- ½ Bund Liebstöckel (nach Belieben)

- Blitzhacker, Mixer oder Pürierstab
- 1 gründlich gereinigtes, trockenes Einmachglas (alternativ: Schraubglas)

Zubereitung:

- Die Möhren und den Sellerie waschen, putzen (sie müssen nicht geschält werden), abtrocknen und grob würfeln. Lauch putzen, in Ringe schneiden, in einem Sieb abspülen und gut trocken schütteln. Zwiebeln schälen und grob würfeln. Die Champignons mit einem feuchten Tuch abreiben. Die Chilischote waschen, putzen und entkernen. Selleriegrün, Petersilie und Liebstöckel waschen, trocken schütteln und Stiele ebenso wie Blätter grob zerschneiden.

- Das Gemüse sehr fein zerkleinern – entweder sehr fein hacken oder in einem starken Mixer pürieren. Je feiner es zerkleinert wird, desto schneller trocknet es. Die Gemüsepaste nun in einem sauberen Geschirrtuch gründlich ausdrücken.

- Zwei Backbleche mit Backpapier belegen, die Gemüsepaste dünn darauf verteilen. Das Gemüse im Ofen bei 70 °C etwa 6–8 Stunden trocknen. Dabei entweder einen Löffel in die Tür klemmen oder zwischendurch häufig die Ofentür öffnen und Feuchtigkeit entweichen lassen.

- Wenn das Gemüse komplett durchgetrocknet ist (mit den Fingern prüfen), alles in einem starken Mixer pulverisieren und in ein Glas abfüllen. Luftdicht verschlossen, dunkel und trocken aufbewahren.

KÜCHENTIPPS

- Die Brühe lässt sich immer wieder variieren. Gib doch mal etwas abgeriebene Zitronenschale oder klein geschnittenen Ingwer zum Trocknen mit dazu. Auch Knoblauch eignet sich bestens.

- Du kannst die gekörnte Brühe auch in einem Dörrgerät zubereiten.

- Mit ein wenig Planung lässt sich gekörnte Brühe gänzlich aus Resten vom Gemüseputzen zubereiten. Dafür anfallende Abschnitte und Schalen bei Bedarf erst einmal einfrieren, bis eine ausreichend große Menge zum Zubereiten des Pulvers vorhanden ist.

SCHON GEWUSST?

- Die meisten fertigen körnigen Gemüsebrühen enthalten Salz, da dieses die Konservierung unterstützt und Würze mitbringt. Für alle, die aus gesundheitlichen Gründen Salz reduzieren möchten, ist diese selbst gemachte Variante eine gute Alternative. Auch für Babys und Kleinkinder sind salzlose Brühen die bessere Wahl.

GEMÜSEFOND AUS RESTEN

Für ca. 1,5 Liter
Zubereitungszeit: 40 Minuten + 60 Minuten zum Einkochen
Haltbar bis: 8–12 Monate

Zutaten:

- 2 Zwiebeln
- 2 Knoblauchzehen
- 1 Bund Suppengrün
- 6 Pfefferkörner
- 500 g gewaschene Gemüseschalen
- 3 Lorbeerblätter

- Mörser
- 2 gründlich gereinigte, trockene Einmachgläser (alternativ: Schraubgläser)

Zubereitung:

- Die Zwiebeln mit Schale waschen und halbieren. Den Knoblauch schälen. Das Suppengrün waschen und in Stücke schneiden. Die Pfefferkörner im Mörser oder mit einem schweren Messerstiel anstoßen.

- Die Zwiebeln mit Schnittflächen nach unten in einen Topf setzen und auf mittlerer Stufe bräunen. Den Knoblauch mit Suppengrün, Gemüseschalen und Pfeffer in den Topf geben und 3 Minuten rösten. Mit 2 Litern Wasser aufgießen. Dann die Lorbeerblätter dazugeben und alles einmal aufkochen. Anschließend bei mittlerer Hitze 30 Minuten offen köcheln lassen.

- Den Fond abseihen und heiß in 2 gründlich gereinigte Gläser füllen, diese sofort verschließen. Die Gläser im Wasserbad in einem Topf bei 100 °C 60 Minuten einkochen oder den Fond portioniert einfrieren.

KÜCHENTIPP

- Immer wenn du Gemüse schälst, kannst du die Schalen zuvor waschen und dann in einem Beutel oder in einer Dose einfrieren. Wenn du genug Schalen zusammenhast, kannst du daraus diesen Fond kochen.

SCHNELLE GEMÜSE-WÜRZPASTE

Für ca. 300 g Paste
Zubereitungszeit: 15 Minuten
Haltbar bis: 2–3 Monate im Kühlschrank

Zutaten:

- ½ Stange Lauch (ca. 100 g)
- 1 Möhre (ca. 100 g)
- 100 g Knollensellerie
- 50 g Petersilienwurzel
- 1 Knoblauchzehe
- 10 Stängel Thymian
- 50 g Salz

- Blitzhacker oder Mixer
- 1 gründlich gereinigtes, trockenes Einmachglas (alternativ: Schraubglas)

Zubereitung:

- Den Lauch, die Möhre, den Sellerie und die Petersilienwurzel gründlich waschen, putzen, schälen und klein schneiden. Knoblauch schälen und hacken. Den Thymian waschen und die Blättchen abzupfen.

- Alles mit dem Salz in einen Blitzhacker oder einen Mixer geben und zu einer fein-körnigen, feuchten Masse pürieren. Dabei immer wieder stoppen und das Gemüse vom Rand nach unten schieben. Das kann 5–10 Minuten dauern. Die Paste in ein gründlich gereinigtes Glas abfüllen, sofort verschließen und im Kühlschrank aufbewahren. Zum Entnehmen immer einen sauberen Löffel benutzen. Die Paste schmeckt sehr salzig, weil das viele Salz sie haltbar macht.

TIPP

- Diese Gemüsepaste kannst du einfach wie Gemüsebrühe verwenden und statt körniger Gemüsebrühe in Suppen, Saucen und Co. einrühren.

KRÄUTERWÜRFEL ZUM WÜRZEN

Für ca. 7 Eiswürfel
Zubereitungszeit: 10 Minuten + 10 Stunden zum Einfrieren
Haltbar bis: 6 Monate

Zutaten:
- 3 Stängel Rosmarin
- 3 Stängel Oregano
- 3 Stängel Petersilie
- 75 ml natives Olivenöl extra

- Eiswürfelförmchen

Zubereitung:
- Die Kräuter waschen und sorgfältig trocken schütteln. Dann die Blättchen abzupfen und sehr fein hacken. Das Öl in einem kleinen Topf auf niedriger Stufe erwärmen (nicht aufkochen), die Kräuter zugeben und 3–5 Minuten ziehen lassen. Die Masse in Eiswürfelförmchen füllen, abkühlen lassen und mindestens 10 Stunden tieffrieren.

- Zum Würzen die Würfel einzeln herausnehmen und damit Suppen, Gemüsegerichte, Bratkartoffeln oder Ähnliches aromatisieren.

KÜCHENTIPPS
- Diese Kräutermischung ist eine Basismischung, die du nach Herzenslust erweitern kannst. Misch doch mal eine fein gehackte Knoblauchzehe, gemörserte Fenchelsamen oder etwas Chili unter.

- Du kannst natürlich auch andere Kräutermischungen als Würfel einfrieren, zum Beispiel mit Dill, Petersilie, Kerbel oder Estragon.

- Kräuterwürfel sind perfekt, um Kräuterreste haltbar zu machen – auch in kleinen Mengen.

- Statt Öl kannst du auch Butter im Topf schmelzen und dir so deine eigene Kräuterbutter auf Vorrat herstellen.

BÄRLAUCHBUTTER

Für ca. 7 Eiswürfel
Zubereitungszeit: 10 Minuten + 10 Stunden zum Einfrieren
Haltbar bis: 6 Monate

Zutaten:
- 30 g Bärlauchblätter
- 20 ml Olivenöl
- 125 g weiche Butter
- 1 TL Salz

- Blitzhacker oder Pürierstab
- optional: Eiswürfelförmchen zum Tiefgefrieren

Zubereitung:
- Den Bärlauch waschen, sorgsam trocken tupfen und klein schneiden. Mit dem Olivenöl in einem Blitzhacker oder mit dem Pürierstab fein pürieren.

- Die Butter und das Salz in eine Schüssel geben und mit den Quirlen des Handrührgeräts luftig aufschlagen. Dann die Bärlauchmasse zugeben und noch einmal aufschlagen, dabei gründlich vermengen

KÜCHENTIPP
- Du kannst sie auch in Eiswürfelförmchen abgedeckt tieffrieren. So hast du Bärlaucharoma über den Frühling hinaus und kannst die Würfel zum Beispiel für Bärlauch-Omelette, Bratkartoffeln oder Risotto, aber auch für Steaks und Grillgemüse benutzen.

SCHON GEWUSST?

- Eigentlich sind sogenannte Fix-Produkte aus der Tüte zum Salatdressing-Anrühren eine gute Idee für die schnelle Alltagsküche: einfach Öl und Wasser zugeben – schon fertig. Aber neben Kräutern und Gewürzen finden sich in fertigen Salatdressing-Produkten aus der Tüte häufig auch Stärke, Konservierungsmittel, Säureregulatoren oder versteckte Zucker. Wer seine Würzmischung selbst macht, spart unerwünschte Inhaltsstoffe.

WÜRZMISCHUNG-FIX FÜR SALATDRESSING

Für ca. 8 Portionen Beilagensalat
Zubereitungszeit: 10 Minuten + 24 Stunden zum Trocknen
Haltbar bis: ca. 6 Monate

Zutaten:

- 1 Frühlingszwiebel
- 1 Bio-Zitrone
- ¼ Bund Petersilie
- 1 TL Salz
- ½ TL getrocknetes Knoblauchgranulat
- ½ TL Zucker

- Mörser
- 1 gründlich gereinigtes, trockenes Einmachglas (alternativ: Schraubglas oder Dose)

Zubereitung:

- Die Frühlingszwiebel putzen, waschen, trocken schütteln und in sehr feine Ringe schneiden. Die Zitrone heiß abspülen und die Schale mit einem Zestenreißer in sehr feinen Fäden abziehen. Die Petersilie waschen, trocken schütteln, die Blättchen abzupfen und ebenfalls fein hacken.

- Alles luftig auf einem Holzbrett oder Backblech verteilen und an einem trockenen, warmen Ort mindestens 24 Stunden durchtrocknen lassen. Im Winter gegebenenfalls auf einem mit Backpapier ausgelegten Backblech im Backofen auf niedrigster Stufe trocknen. Dabei einen runden Holzlöffelstiel in die Ofentür stecken, damit die Feuchtigkeit entweichen kann.

- Die getrockneten Zutaten mit Salz, Knoblauchgranulat und Zucker in einem Mörser fein vermahlen. Das Dressing-Fix in einem sauberen Glas oder einer Dose trocken und lichtgeschützt aufbewahren.

- Für ein Salatdressing (4 Portionen) die Hälfte der Mischung mit 1 EL Essig, zum Beispiel Apfelessig, 2 EL Öl, zum Beispiel natives Olivenöl extra, und 1 EL Wasser verrühren und kurz quellen lassen. Dann über den Salat geben, beispielsweise über einen bunten Blattsalat mit Radieschen und Möhren. Nach Belieben mit frisch gemahlenem Pfeffer bestreuen.

KÜCHENTIPP

- Wer auf Knoblauch verzichten möchte, kann stattdessen 1 TL getrocknete Dillspitzen in das Dressing einrühren.

SALATDRESSING IM GLAS
HONIG-SENF-DRESSING

Für ca. 4 Portionen
Zubereitungszeit: 5 Minuten
Haltbar bis: 4–5 Tage im Kühlschrank

Zutaten:
- 1 Schalotte
- 1 TL mittelscharfer Senf
- 1 EL flüssiger Honig
- 3 EL Apfelessig
- 1 TL Gemüsebrühpulver (Rezept Seite 46)
- 5 EL Rapsöl (alternativ: Olivenöl)

- Pürierstab
- 1 gründlich gereinigte, trockene Glasflasche

Zubereitung:
- Die Schalotte schälen und würfeln. Die Schalottenstücke mit Senf, Honig, Apfelessig, Gemüsebrühe sowie Rapsöl in einen hohen Rührbecher geben und fein pürieren. Das Dressing in eine saubere Glasflasche umfüllen, zuschrauben und vor dem Servieren noch einmal kräftig schütteln.

KÜCHENTIPP
- Die selbst gemachte Gemüsebrühe enthält kein Salz. Gegebenenfalls muss man noch etwas nachwürzen.

VEGANES MANDELMUS-DRESSING

Für ca. 4 Portionen
Zubereitungszeit: 5 Minuten
Haltbar bis: ca. 4–5 Tage im Kühlschrank

Zutaten:
- 1 Orange
- 45 g weißes Mandelmus
- 1 gestrichener TL Salz
- nach Belieben: 1 TL frisch geriebener Meerrettich (alternativ: Tafelmeerrettich)

- Schneebesen
- 1 gründlich gereinigte, trockene Glasflasche

Zubereitung:
- Die Orange auspressen, mit dem Mandelmus, dem Salz und dem Meerrettich in eine Schüssel geben und mit einem Schneebesen gründlich verquirlen. Das Dressing in eine saubere Glasflasche umfüllen, zuschrauben und vor dem Servieren noch einmal kräftig schütteln.

KÜCHENTIPP
- Wer keinen Meerrettich mag, kann stattdessen mit etwas Pfeffer würzen.

SCHON GEWUSST?

- In fertigen Salatdressings verstecken sich oft hohe Mengen Zucker, manchmal auch Verdickungsmittel oder Aromen. Wer sein Dressing selbst macht, hat auch selbst in der Hand, welche Zutaten hineinkommen.

GELIERZUCKER 2 : 1

Für 250 g
Zubereitungszeit: 5 Minuten
Haltbar bis: ca. 1 Jahr

Zutaten:

- 7 g Pektin
- 250 g Zucker (Hinweis: Reicht für ca. 300–500 g Früchte)

- 1 gründlich gereinigtes, trockenes Einmachglas (alternativ: Schraubglas)

Zubereitung:

- Pektin und Zucker mischen und in ein sauberes, trockenes Glas füllen. Bis zur Verwendung trocken und dunkel lagern.

KÜCHENTIPPS

- Der Fruchtaufstrich, der mit diesem Gelierzucker gekocht wird, hält sich bis zu 6 Monate. Für eine längere Haltbarkeit muss der Aufstrich anschließend im Wasserbad bei 90 °C 30 Minuten eingekocht werden.

- Der Gelierzucker kann statt für Fruchtaufstriche im Verhältnis 2 : 1 und auch für solche im Verhältnis 3 : 1 gemischt werden. Dazu einfach 7 g Pektin mit 165 g Zucker mischen. Für eine längere Haltbarkeit den Fruchtaufstrich ebenfalls im Wasserbad bei 90 °C 30 Minuten einkochen.

Vanillezucker mit gemahlener Vanille

Für 1 Tütchen (8 g)
Zubereitungszeit: 5 Minuten
Haltbar bis: ca. 1 Jahr

Zutaten:

- 2 gestrichene TL Zucker
- 2 Messerspitzen gemahlene Bourbonvanille

- optional: Gründlich gereinigte, trockene kleine Einmachgläser (alternativ: Schraubgläser)

Zubereitung:

- Einfach 2 gestrichene TL Zucker mit 2 Messerspitzen gemahlener Bourbonvanille mischen und direkt dem Rezept zugeben oder auf Vorrat 8-g-Portionen zum Beispiel in Mini-Gläser füllen.

Vanillezucker mit Vanilleschote

Für 1 Glas à ca. 500 g
Zubereitungszeit: 5 Minuten
+ 1 Woche ziehen lassen
Haltbar bis: 6–12 Monate

Zutaten:

- 1 gebrauchte Vanilleschote
- 500 g Zucker im Glas

Zubereitung:

- Wurde für ein anderes Gericht eine Vanilleschote verwendet und das Mark herausgekratzt, die leere Schote unbedingt aufbewahren. Ein Glas mit Zucker befüllen (ca. 500 g), die Vanilleschote gegebenenfalls in Stücke schneiden, hineingeben und mindestens 1 Woche stehen lassen. Dabei immer mal wieder durchschütteln. Der Zucker nimmt das Vanillearoma an und kann immer wieder aufgefüllt werden. Nach 6–12 Monaten solltest du die Schote austauschen.

Schon gewusst?

- Vanillinzucker besteht aus Zucker und Vanillinaroma. Vanillin kann künstlich erzeugt oder auch aus Zuckerrübenschnetzeln gewonnen sein. Vanillezucker enthält das Aroma der Vanilleschote, kann aber durch Vanillin ergänzt sein. Wer seinen Vanillezucker selbst macht, kommt ganz ohne künstliche Aromen aus und spart noch jede Menge Verpackungsmüll.

SCHON GEWUSST?

- Im fertig gekauften Puddingpulver können Aroma und Farbstoffe zugesetzt sein. Wenn du Zucker sparen möchtest, kannst du die Menge Puderzucker in deinem selbst gemachten Puddingpulver individuell reduzieren.

PUDDINGPULVER SCHOKO UND VANILLE

Je 4 Portionen
Zubereitungszeit: 5 Minuten
Haltbar bis: 1 Jahr

SCHOKOPUDDING

Zutaten:
- 30 g Maisstärke
- 20 g schwach entölter Kakao
- 40 g Puderzucker

Für die Fertigstellung:
- 30 g vegane Schokolade, nach Belieben
- 500 ml Pflanzenmilch (z. B. Sojadrink)
- 1 EL Haselnussmus, nach Belieben (alternativ: Mandelmus)
- optional: Schokoraspel

- 1 gründlich gereinigtes, trockenes Einmachglas (alternativ: Schraubglas)

Zubereitung:
- Für das Puddingpulver Maisstärke mit Kakao und Puderzucker gründlich vermischen und in ein Glas abfüllen.

- Zur Zubereitung des Puddings die vegane Schokolade, wenn verwendet, klein hacken. 6 EL Milch abnehmen und mit dem Puddingpulver verrühren. Die restliche Milch mit dem Haselnussmus und gegebenenfalls der Schokolade unter Rühren einmal aufkochen lassen. Dann das angerührte Puddingpulver mit einem Schneebesen einrühren, glatt rühren, bis es anfängt anzudicken, und dann auf Schälchen verteilen. Nach Belieben mit Schokoraspeln verzieren.

KÜCHENTIPPS
- Wenn du vegane Schokolade mit im Pudding verarbeitest, kannst du den Zucker auf 25 g reduzieren. Es wird sonst sehr süß.

- Natürlich kannst du den Pudding auch mit Kuhmilch zubereiten.

VANILLEPUDDING

Zutaten:
- 30 g Maisstärke
- 2 Messerspitzen gemahlene Bourbonvanille
- 30 g Puderzucker

Für die Fertigstellung:
- 500 ml Vollmilch
- optional: Himbeeren

- 1 gründlich gereinigtes, trockenes Einmachglas (alternativ: Schraubglas)

Zubereitung:
- Für das Puddingpulver die Maisstärke mit Vanille und Puderzucker gründlich vermischen und in ein Glas abfüllen.

- Zur Zubereitung 6 EL Milch abnehmen und mit dem Puddingpulver verrühren. Die restliche Milch unter Rühren einmal aufkochen lassen. Dann das angerührte Puddingpulver mit einem Schneebesen einrühren, glatt rühren, bis es anfängt anzudicken, und dann auf Schälchen verteilen. Nach Belieben mit frischen oder tiefgekühlten Himbeeren verzieren.

HEFEWASSER

Für 250 ml (entspricht ca. 5 g Frischhefe)
Zubereitungszeit: 5 Minuten + 3–5 Tage Reifezeit
Haltbar bis: ca. 4 Monate im Kühlschrank

Zutaten:

- 12 g Zucker
- 50 g Bio-Rosinen (ungeschwefelt, alternativ Bio-Datteln)
- 250 ml Wasser

- 1 gründlich gereinigtes, trockenes Einmachglas (alternativ: Schraubglas oder Glasflasche mit großer Öffnung, z. B. eine Passata- oder Milchflasche)

Für die Fertigstellung:

- 100 ml Hefewasser
- 400 g Weizenmehl Type 405
- 100 ml Wasser
- 1 TL Salz
- 1 EL Olivenöl

- 1 Glas (ca. 190 g) Pesto
- Handrührgerät

Zubereitung:

- Den Zucker mit den Rosinen und dem Wasser in ein schlankes, hohes und zuvor gründlich gereinigtes Schraub- oder Einmachglas oder eine Glasflasche geben. So lange mit einem sauberen, langen Löffel verrühren, bis der Zucker sich aufgelöst hat. Nun das Gefäß an einen warmen Ort (18–25 °C) stellen. Den Deckel nur lose auflegen, nicht verschließen. Mindestens 2-mal am Tag mit einem sauberen Löffel umrühren und zum Entlüften den Deckel kurz abnehmen.

- Nach circa 3–5 Tagen ist das Hefewasser aktiv und kann zum Backen verwendet werden. Hefewasser wird in der Kühlschranktür aufbewahrt.

- Zum Backen das Hefewasser abseihen und die gewünschte Menge Hefewasser abnehmen. Das zum Backen verwendete Hefewasser nun auf Raumtemperatur bringen.

- Das restliche Hefewasser auffrischen. Dazu dieses zurück in die Flasche füllen, mit frischem Wasser auffüllen (die Menge entspricht der entnommenen Menge Hefewasser) und 50 g Zucker zugeben. Die Flasche 2–5 Tage bei Raumtemperatur stehen lassen und anschließend wieder zurück in den Kühlschrank stellen. Dabei immer wieder schwenken. Vor dem erneuten Benutzen das Hefewasser umrühren, dann die entsprechende Menge Hefewasser entnehmen und wieder mit frischem Wasser und Zucker auffüllen.

- Auch bei der Lagerung im Kühlschrank das Hefewasser ab und zu entlüften. Regelmäßig, z. B. alle 4-6 Wochen, das Obst austauschen und das Glas reinigen. Das aktive Wasser jedoch behalten.

KÜCHENTIPPS

- Das Hefewasser riecht etwas alkoholisch. Wenn es modrig riecht oder du Schimmelsporen siehst, entsorge es und setze ein neues an.

- 150 ml Hefewasser entsprechen circa 3 g frischer Hefe. Die Flüssigkeitsmenge im Teig muss dann um die Menge Hefewasser reduziert werden.

- Hefewasser funktioniert gut bei Teigen mit langer Gehzeit

PESTOSCHNECKEN

Für ca. 15 Stück

- 100 ml Hefewasser mit 150 g Weizenmehl verkneten und 12 Stunden abgedeckt bei Raumtemperatur gehen lassen. Am nächsten Tag zum Vorteig 100 ml Wasser, die restlichen 250 g Weizenmehl, 1 TL Salz und 1 EL Olivenöl zugeben und mit den Knethaken des Handrührgeräts in 5 Minuten zu einem glatten Teig verkneten. Diesen abgedeckt weitere 4 Stunden gehen lassen. Den Teig rechteckig (circa 40 × 40 cm) ausrollen, mit Pesto (1 Glas à ca. 190 g) bestreichen. Am oberen Rand circa 2 cm unbestrichen lassen.

- Den mit Pesto bestrichenen Teig zu einer Rolle aufrollen. Dann etwa 2-3 cm breite Scheiben abschneiden. Diese auf ein mit Backpapier ausgelegtes Backblech setzen (etwas Abstand lassen) und mit einem Küchenhandtuch abgedeckt eine weitere Stunde ruhen lassen. Dann im auf 210 °C (Ober-/Unterhitze) vorgeheizten Backofen etwa 10 Minuten backen, dann die Temperatur auf 180 °C reduzieren und in weiteren 10 Minuten fertig backen.

KÜCHENTIPP

- Du kannst die Schnecken auch mit Frischhefe zubereiten. Löse einfach ein erbsengroßes Stück frische Hefe (ca. 2 g) in 100 ml Wasser auf und gebe das zum Teig. Das Hefewasser lässt du dann weg.

Fertige MISCHUNGEN

Hast du den Geburtstag der Freundin vergessen? Oder haben sich für Sonntagmorgen überraschend Frühstücksgäste angekündigt? Kein Problem! Nur Eier, Butter und Milch solltest du bereit haben (oder dir schnell irgendwo leihen), und schon kannst du in wenigen Minuten Kuchen und Co. in den Ofen schieben – dank deiner selbst vorbereiteten Backmischungen. Und dein Müsli kannst du ab jetzt auch easy selber machen – ganz nach deinem Geschmack, und wenn du magst, auch ohne Zucker.

KÜCHENTIPP

- Das Rezept funktioniert auch mit Hefewasser (siehe Seite 58).Dazu die Trockenhefe aus der Brotbackmischung herauslassen und stattdessen 150 ml aktives Hefewasser zugeben. Die Wassermenge, die dem Teig zugegeben wird, dann von 330 auf 180 ml reduzieren.

BROTBACKMISCHUNG MIT TROCKENHEFE

Für 1 Brot
Zubereitungszeit: 20 Minuten + 13,5 Stunden zum Gehenlassen + 35 Minuten zum Backen
Haltbar bis: ca. 3 Monate

Zutaten:

Zum Vorbereiten:

- 75 g Haselnüsse
- 3 g Trockenhefe
- 1 gehäufter TL Salz
- 620 g Weizenmehl Type 1050

- 1 gründlich gereinigtes, trockenes Einmachglas

Für die Fertigstellung:

- 330 ml Wasser
- Mehl

- Gärkorb oder Schale mit rundem Boden
- Gusseisentopf mit Deckel

Zubereitung:

- Die Haselnüsse in eine trockene Pfanne geben und goldbraun anrösten, bis sie zu duften beginnen. Dann aus der Pfanne nehmen.

- Hefe, Salz und Mehl in einer Schüssel mischen und in ein gründlich gereinigtes Einmachglas füllen. Die Nüsse obenauflegen und das Glas verschließen.

- Zum Brotbacken den Inhalt des Glases mit 330 ml Wasser in eine Schüssel geben und mit einem Kochlöffel verrühren. Mit den Händen den Teig zur einer Kugel formen und 12 Stunden abgedeckt bei Raumtemperatur stehen lassen.

- Den Teig auf eine bemehlte Arbeitsfläche stürzen und rund formen. Dazu mit bemehlten Händen unter das obere Teigende fassen und den Teig zur Mitte drücken, dann den Teig um 90 Grad drehen und den Vorgang noch 7-mal wiederholen. Einen Gärkorb mit Mehl ausstäuben. Alternativ eine Schale mit rundem Boden (Halbkugel-Form) mit einem Baumwollküchentuch auslegen und dann mit Mehl ausstäuben. Den geformten Teigling mit dem Teigschluss (die Seite, zu der der Teig zur Mitte gedrückt wurde) nach unten in den Gärkorb legen und 1 Stunde gehen lassen.

- Nach 30 Minuten Gehzeit einen gusseisernen Topf (Ø ca. 20–22 cm) mit Deckel in den Ofen auf den Gitterrost auf die unterste Schiene im Backofen stellen und auf 250 °C Ober-/Unterhitze aufheizen.

- Den Brotlaib aus dem Gärkorb auf ein Backpapier stürzen. Den gusseisernen Topf mit Topfhandschuhen aus dem Ofen nehmen, den Deckel abnehmen und das Brot mitsamt des Backpapiers in den Topf geben. Den Topfdeckel auflegen, den Topf zurück in den Ofen stellen und 25 Minuten backen. Dann den Topfdeckel abnehmen und 5–10 Minuten bis zur gewünschten Bräunung weiterbacken. Das Brot mithilfe des Backpapiers aus dem Topf heben. Das Brot ist fertig gebacken, wenn das Klopfen auf die Unterseite des Brotes hohl klingt. Das Brot auf einem Kuchengitter vollständig auskühlen lassen.

KUCHENMISCHUNG RÜHRKUCHEN ZITRONE

Für 1 Kastenform
Zubereitungszeit: 20 Minuten + 50 Minuten zum Backen
Haltbar bis: ca. 3–4 Monate

Zutaten:

- 250 g Weizenmehl Type 550
- 150 g Puderzucker
- 1 Päckchen Vanillezucker (Rezept Seite 55)
- 1 gehäufter TL Backpulver
- ½ TL gemahlene getrocknete Zitronenschale (nach Belieben)
- 1 Prise Salz

- 1 gründlich gereinigtes, trockenes Einmachglas

Zum Fertigstellen:

- 3 Eier
- 150 g weiche Butter + etwas mehr für die Form
- 150 ml Milch

- 1 kleine Kastenform (ca. 22 × 9 cm)
- Handrührgerät

Frosting nach Belieben:

- Saft von 1 kleinen Zitrone (ca. 30 ml)
- 75 g Puderzucker
- 75 g Frischkäse

Zubereitung:

- Weizenmehl, Puderzucker, Vanillezucker, Backpulver, Zitronenschale und Salz mischen und in ein gründlich gereinigtes Einmachglas füllen. Den Deckel schließen und dunkel, luftdicht aufbewahren.

- Zum Fertigstellen den Backofen auf 180 °C Ober-/Unterhitze vorheizen. Die Eier trennen, das Eiweiß mit den Quirlen des Handrührgeräts in einem Rührbecher steif schlagen. Die Eigelbe mit der Butter in einer Rührschüssel mit den Quirlen des Handrührgeräts 2 Minuten schaumig schlagen.

- Die Milch sowie die Mehlmischung zu der Eier-Butter-Masse geben und nur so lange rühren, bis alles vermischt ist. Dann den Eischnee vorsichtig unterheben.

- Die Kastenform mit etwas Butter ausstreichen und den Teig einfüllen. Im vorgeheizten Backofen insgesamt ca. 50–60 Minuten backen (Stäbchenprobe machen!), nach 30 Minuten mit Backpapier abdecken, damit der Kuchen nicht zu sehr bräunt.

- Den Kuchen aus dem Ofen nehmen, 10 Minuten abkühlen lassen, dann vorsichtig aus der Form stürzen und vollständig auskühlen lassen.

- Nach Belieben aus Zitronensaft, Puderzucker und Frischkäse ein Frosting anrühren und über dem Kuchen verteilen.

KÜCHENTIPP

- Noch saftiger und zitroniger wird der Kuchen, wenn du direkt nach dem Backen mit dem Backstäbchen die Oberfläche des Kuchens mehrmals einstichst und 4–5 EL vom Zitronensirup (Rezept Seite 157) darübergießt.

LEMON CAKE

MUFFINMISCHUNG SCHOKO-CRANBERRY

Für 12 Muffins
Zubereitungszeit: 15 Minuten + 20 Minuten zum Backen
Haltbar bis: ca. 3 Monate

Zutaten:

- 250 g Weizenmehl Type 550
- 100 g Puderzucker
- 1 gehäufter TL Backpulver
- 1 Prise Salz
- 50 g Schokolade (Kakaogehalt 70 %)
- 50 g getrocknete Cranberrys

- 2 gründlich gereinigte, trockene Einmachgläser (alternativ: Schraubgläser); ein großes, ein kleineres

Zum Fertigstellen:

- 3 Eier
- 150 g weiche Butter (alternativ: 80 g Butter, 70 g Öl) + etwas mehr für die Backform(en)
- 150 ml Milch

- Handrührgerät
- Muffinblech oder Silikonförmchen

Zubereitung:

- Weizenmehl mit Puderzucker, Backpulver und Salz mischen und in ein gründlich gereinigtes, trockenes Einmachglas füllen. Die Schokolade und die Cranberrys grob hacken und in ein zweites, gründlich gereinigtes Glas füllen.

- Zum Fertigstellen den Backofen auf 180 °C Ober-/Unterhitze vorheizen. Die Eier trennen, das Eiweiß mit den Quirlen des Handrührgeräts in einem Rührbecher steif schlagen. Die Eigelbe mit der Butter in einer Rührschüssel mit den Quirlen des Handrührgeräts 2 Minuten schaumig schlagen.

- Die Milch und die Mehlmischung zu der Eier-Butter-Masse geben und nur so lange rühren, bis alles vermischt ist, dann den Eischnee vorsichtig unterheben. Zuletzt die Schokoladen- und Cranberrystücke unterheben.

- Ein Muffinblech einfetten oder die Silikonförmchen vorbereiten und den Teig einfüllen. Im vorgeheizten Backofen (Mitte) circa 20 Minuten backen (Stäbchenprobe machen!). Anschließend die Muffins aus dem Ofen holen und auskühlen lassen. Aus den Förmchen lösen und auf einem Kuchengitter vollständig erkalten lassen.

SCHON GEWUSST?

- Backmischungen enthalten oft Emulgatoren, Aromen oder Verdickungsmittel. Bei der selbst gemixten Mischung fallen diese weg, zudem kannst du bestimmen, wie viel Zucker du darin haben möchtest.

Zimtschnecken-Mischung

Für ca. 20 Stück
Zubereitungszeit: 35 Minuten + 13 Stunden zum Gehen + 20 Minuten zum Backen
Haltbar bis: 3-6 Monate

Zutaten:

- 425 g Mehl
- 100 g Vollrohrzucker
- 1 Päckchen Trockenhefe (7 g)
- 1 TL Salz
- 1 EL Zimtpulver
- 1 TL gemahlener Kardamom

- 2 gründlich gereinigte, trockene Einmachgläser (alternativ: Schraubgläser); ein großes, ein kleineres

Zum Fertigstellen:

- 2 Eier
- 200 ml Milch
- 120 g weiche Butter
- etwas Mehl für die Arbeitsfläche

- Handrührgerät

Zubereitung:

- Mehl, 30 g Zucker, Trockenhefe und Salz vermengen, dann in ein Einmachglas füllen und verschließen. Den restlichen Zucker mit Zimt und Kardamom vermengen und in ein separates Glas abfüllen.

- Zum Fertigstellen 1 Ei trennen und das Eigelb abgedeckt in den Kühlschrank stellen. Die Trockenmischung mit 180 ml Milch, 60 g Butter, dem Eiweiß und dem anderen Ei in eine Schüssel geben und mit den Knethaken des Handrührgeräts zu einem glatten Teig verkneten. Das dauert circa 10 Minuten. Den Teig zu einer Kugel formen und abgedeckt über Nacht ruhen lassen.

- Am nächsten Tag die restliche Butter mit der Zimtmischung in eine Schüssel geben und mit den Quirlen des Handrührgeräts gründlich verrühren.

- Den Teig auf einer bemehlten Arbeitsfläche zu einem Rechteck von 60 × 30 cm ausrollen und gedanklich dritteln. Die Füllung – das Butter-Zimt-Gemisch – über das linke und das mittlere Drittel streichen. Dann das unbestrichene Teigdrittel nach links über das mittlere Drittel klappen. Das linke, bestrichene Drittel nun darüberklappen. Den gefalteten Teig um 90 °C drehen, gegebenenfalls leicht bemehlen und wieder zu einem Rechteck (60 × 30 cm) ausrollen.

- Nun den Teig längs halbieren und jede Hälfte quer in circa 3 cm breite Streifen schneiden, sodass es am Ende 20 Streifen ergibt. Jeden Streifen in sich verdrehen, um zwei Finger zu einem Knoten schlingen und das Ende von unten hindurchschieben. Die Knoten mit etwas Abstand auf ein mit Backpapier ausgelegtes Backblech legen und mit einem Küchentuch abgedeckt 1 Stunde gehen lassen.

- Den Backofen auf 180 °C Ober-/Unterhitze vorheizen. Das Eigelb aus dem Kühlschrank nehmen und mit 2 EL Milch verquirlen. Die Zimtknoten mit der Hälfte des Milch-Ei-Gemisches bestreichen, dann im Ofen (Mitte) 20–25 Minuten goldbraun backen. Die Knoten aus dem Ofen holen, sofort mit der restlichen Milch-Ei-Masse bestreichen und abkühlen lassen.

NST

SCHON GEWUSST?

- Knuspermüsli aus dem Handel ist oft eine große Zuckerfalle und kann Aromen und andere Zusatzstoffe enthalten. Wenn du es selbst machst, bestimmst du, was hinein soll und wie viel davon. Noch ein Tipp: Am besten nur sparsam als crunchiges Topping verwenden.

SELBSTGEMACHTES GEWÜRZ-KNUSPERMÜSLI

Für ca. 650 g
Zubereitungszeit: 30 Minuten
Haltbar bis: 2–3 Monate

Zutaten:

- 100 ml Wasser
- 2 Beutel Chai (Tee)
- 80 g geröstete und gesalzene Macadamianüsse
- 80 g Mandeln
- 50 g Vollrohrzucker
- 250 g Haferflocken
- 40 g Leinsamen
- 2 EL neutrales Öl (z. B. Rapsöl)
- 40 g Sesamsamen
- 40 g Kakaonibs

- 1 gründlich gereinigtes, trockenes Einmachglas (alternativ: Schraubglas)

Zubereitung:

- 100 ml Wasser aufkochen und eine Tasse mit 2 Beuteln Chai damit aufgießen. Den Tee 10 Minuten ziehen lassen. Die Macadamianüsse und die Mandeln grob hacken.

- Den Zucker in eine große Pfanne geben, den Tee dazugießen und alles einmal unter Rühren aufkochen lassen. Dann die Haferflocken, die Mandeln, die Leinsamen, das Öl und die Sesamsamen zugeben. Die Hitze auf mittlere Stufe reduzieren und die Masse unter gelegentlichem Rühren 15–20 Minuten köcheln lassen, bis das Wasser verdampft und das Müsli knusprig ist. Etwa 10 Minuten vor Ende die Kakaonibs und die Macadamianüsse zugeben.

- Das Müsli auf einem Backpapier vollständig auskühlen lassen, dann in ein Schraub- oder Einmachglas geben und luftdicht verschlossen aufbewahren.

KÜCHENTIPPS

- Das Müsli schmeckt als knuspriges Topping auf Joghurt, Quark und Porridge oder peppt das Flocken-Basis-Müsli auf. Toll dazu: noch etwas frisches Obst oder tiefgekühlte Beeren.

- Für mehr Abwechslung einfach mal mit Gewürzen arbeiten, zum Beispiel Vanille, Kakao, Tonka, Kardamom oder 1 Prise Chili zugeben.

- Probier das Knuspermüsli doch auch mal mit: Haselnüssen, Pinienkernen, Dinkelflocken, Quinoa-Pops, Kürbiskernen, Sonnenblumenkernen, Walnüssen, Kokosflocken … hinein kommt, was dir gefällt und schmeckt.

KOKOS-CRANBERRY-PORRIDGE

Für ca. 16 Portionen
Zubereitungszeit: 5 Minuten + 15 Minuten zum Kochen
Haltbar bis: 4–6 Monate

Zutaten:
- 450 g Haferflocken
- 50 g Kokosflocken
- 3 TL gemahlener Zimt
- 100 g Cranberry

Zum Fertigstellen:
- 350 ml Milch
- 50 g Schlagsahne nach Belieben
- Beeren oder Obst der Saison nach Belieben
- Kokosflocken

- Blitzhacker oder Küchenmaschine zum Mahlen
- 1 gründlich gereinigtes, trockenes Einmachglas (alternativ: Schraubglas)

Zubereitung:
- Die Haferflocken mit den Kokosflocken in einen Blitzhacker oder eine Küchenmaschine geben und fein vermahlen. Dann den Zimt untermischen. Die Cranberrys nach Belieben klein hacken und ebenfalls unterrühren. Die Porridge-Mischung luftdicht verschlossen in einem Einmachglas aufbewahren.

- Zur Zubereitung von 4 Portionen 150 g der Porridge-Mischung abnehmen und mit Milch und 400 ml Wasser in einem Topf aufkochen. Anschließend bei kleiner Hitze, geschlossenem Deckel und unter gelegentlichem Rühren circa 15 Minuten garen.

- In der Zwischenzeit die Schlagsahne halbsteif schlagen. Das Porridge auf Schälchen verteilen, mit Beeren der Saison oder anderen Früchten garnieren, die Sahne angießen und mit Kokosflocken bestreut servieren.

KÜCHENTIPPS
- Statt Kokosflocken schmecken auch gemahlene Haselnüsse oder Mandeln.

- Für eine vegane Variante einfach mit Pflanzenmilch und Pflanzensahne zubereiten.

- Cranberrys kannst du auch weglassen oder ersetzen, zum Beispiel durch getrocknete Sauerkirschen, getrocknete Mango (vorher klein schneiden) oder getrocknete Apfelstücke.

- Ein richtiger Sattmacher wird das Porridge, wenn du statt Sahne je 1 EL Quark dazugibst.

VEGANER PANCAKE-MIX

Für ca. 10 Stück
Zubereitungszeit: 5 Minuten + ca. 25 Minuten zum Backen
Haltbar bis: ca. 6 Monate

Zutaten:

- 15 g Bio-Goldleinsamen
- 250 g Dinkelmehl Type 630
- 40 g Puderzucker
- 2 TL Backpulver
- ½ gestrichener TL gemahlene Vanille
- 1 Prise Salz

Zum Fertigstellen:

- 220 ml Pflanzenmilch (z. B. Sojadrink, Haferdrink)
- 2 EL Bratöl (z. B. Rapsöl)

- Blitzhacker oder Küchenmaschine zum Mahlen
- 1 gründlich gereinigtes, trockenes Einmachglas (alternativ: Schraubglas)

Zubereitung:

- Die Goldleinsamen in einer leistungsstarken Küchenmaschine oder einem Blitzhacker fein mahlen. Anschließend mit dem Dinkelmehl, dem Puderzucker, dem Backpulver, der Vanille und dem Salz gründlich vermengen und in ein Schraub- oder Einmachglas mit einer weiten Öffnung geben und verschließen.

- Zum Fertigstellen die Pflanzenmilch dazugeben und das Glas gut durchschütteln, gegebenenfalls mit einer Gabel oder einem Schneebesen noch einmal gründlich vermengen.

- 1 EL Öl in einer beschichteten Pfanne erhitzen. Den zähflüssigen Teig portionsweise mit einem Esslöffel hineingeben, etwas platt drücken und bei mittlerer Hitze circa 4 Minuten pro Seite goldbraun backen. Den fertig gebackenen Pancake herausnehmen, das restliche Öl in die Pfanne geben und die restlichen Pancakes ausbacken.

KÜCHENTIPP

- Die Pancakes schmecken mit Ahornsirup und frischem Obst, aber auch mit griechischem Joghurt und gerösteten Nüssen.

SCHON GEWUSST?

- Fertiger Pancake- oder Pfannkuchenmix aus der Spenderflasche enthält häufig sehr viel Zucker und auch pulverisiertes Ei. Beim Selbermachen sind Pancakes genauso schnell fertig wie mit Teig aus der Spenderflasche, aber du kannst selbst entscheiden, wie viel Zucker und was sonst noch drin sein soll.

BANANEN-MOHN-MÜSLIMISCHUNG

Für ca. 8 Portionen
Zubereitungszeit: 10 Minuten
Haltbar bis: 3–6 Monate

Zutaten:

- 250 g kernige Haferflocken
- 80 g Cashewkerne
- 60 g getrocknete Bananen
- 60 g getrocknete Ananas
- 3 EL Mohnsamen
- 1 TL gemahlener Kardamom

- Blitzhacker oder Küchenmaschine zum Mahlen
- 1 gründlich gereinigtes, trockenes Einmachglas (alternativ: Schraubglas)

Zubereitung:

- Die Haferflocken in einer trockenen Pfanne ein wenig rösten, bis sie angenehm duften, dann in eine Schüssel umfüllen. Die Cashewkerne fein hacken und ebenfalls in der Pfanne goldbraun rösten, dann zu den Flocken geben.

- Die Bananen und die Ananas klein schneiden oder in einem Blitzhacker bis zur gewünschten Größe zerkleinern. Die Früchte zusammen mit den Mohnsamen und dem Kardamom zu den Flocken geben und alles gut vermischen.

- Die Mischung in ein sauberes Einmachglas füllen und luftdicht verschlossen aufbewahren.

KÜCHENTIPPS

- Kokosflocken passen auch gut zu diesem Müsli. Getrocknete Ananas kannst du durch getrocknete Mango oder getrocknete Aprikosen ersetzen.

- Das Müsli schmeckt mit Joghurt, Quark oder Milch und natürlich mit pflanzlichen Alternativen wie Kokosdrink, Kokosmilch, Kokosjoghurt oder anderen Varianten.

- Wenn du gerade frisches oder TK-Obst zur Hand hast, passt auch das super zum Müsli.

SCHWARZWÄLDER-KIRSCH-MÜSLIMISCHUNG

Für ca. 8 Portionen
Zubereitungszeit: 10 Minuten
Haltbar bis: ca. 2 Monate

Zutaten:
- 200 g gemischte kernige Getreideflocken
- 100 g gemischte Nusskerne
- 100 g getrocknete Kirschen
- 80 g dunkle Schokolade (mindestens 80 % Kakaoanteil)
- 2 EL Kakaonibs

- 1 gründlich gereinigtes, trockenes Einmachglas (alternativ: Schraubglas)

Zubereitung:
- Die Getreideflocken in einer trockenen Pfanne auf mittlerer Stufe unter gelegentlichem Wenden rösten, bis sie angenehm duften, dann in eine Schüssel umfüllen.

- Die Nusskerne klein hacken und ebenfalls in der Pfanne rösten, bis sie zu duften und zu bräunen beginnen, dann zu den Flocken geben.

- Die Kirschen etwas kleiner schneiden, die Schokolade klein hacken. Beides zusammen mit den Kakaonibs zu den Flocken geben und alles gründlich vermischen. In ein Glas abfüllen und luftdicht verschließen.

KÜCHENTIPPS
- Lass deiner Fantasie freien Lauf und tausche einfach Zutaten aus: Mango statt Kirschen, etwas Kokos mit hinein, weiße statt dunkle Schokolade, einen Hauch Vanille dazugeben …

SCHNELLER SONNTAGSZOPF MIT ROSINEN

Für 1 Zopf
Zubereitungszeit: 25 Minuten + 1 Stunde zum Gehenlassen + 40 Minuten zum Backen
Haltbar bis: ca. 4–6 Monate

Zutaten:
- 500 g Dinkelmehl Type 630
- 1 Päckchen Trockenhefe
- 2 TL Zucker
- 1 TL Salz
- 75 g kleine Rosinen (möglichst ungeschwefelt)

- 1 gründlich gereinigtes, trockenes Einmachglas (alternativ: Schraubglas)

Zum Fertigstellen:
- ¼ l Milch + zum Bestreichen
- 1 Ei
- 5 EL Öl
- etwas Mehl zum Bearbeiten

Zubereitung:
- Das Mehl mit der Hefe, dem Zucker und dem Salz in einer Schüssel gründlich vermischen. Abwechselnd mit den Rosinen in ein Glas schichten und dieses fest verschließen.

- Zum Fertigstellen die Zutaten aus dem Glas in eine Rührschüssel geben. Milch lauwarm erwärmen und dazugießen, dann das Ei und das Öl dazugeben. Alles zu einem glatten, geschmeidigen Teig verkneten, der sich vom Schüsselrand löst. Zugedeckt an einem warmen Ort etwa 30 Minuten ruhen lassen.

- Den Hefeteig auf leicht bemehlter Fläche durchkneten und in 3 gleich große Portionen teilen. Jede Portion zu einer etwa 30 cm langen Rolle formen. Die Rollen zu einem dicken Zopf flechten, auf ein mit Backpapier belegtes Blech setzen, mit einem Küchentuch abdecken und bei Zimmertemperatur noch etwa 30 Minuten gehen lassen.

- Den Backofen auf 180 °C Ober-/Unterhitze vorheizen. Den Zopf mit etwas Milch bestreichen und etwa 40 Minuten im Ofen (Mitte) backen. Auf einem Kuchengitter auskühlen lassen.

Saucen & AUFSTRICHE

Wusstest du, dass in manchen Salsa-Dips teilweise 50 Gramm Zucker stecken? Das ist so viel, wie ein Erwachsener pro Tag maximal essen sollte. Aber auch Ketchup und Grillsaucen sind oft ganz schön verzuckert. Auf den nächsten Seiten findest du gesunde und auch immer mal wieder vegane Alternativen, zum Beispiel für Bratensauce oder Mayonnaise.

MÖHREN-
AUFSTRICH
OBAZDA

APRIKOSEN
KETCHUP
BBQ-SAUCE

Für ca. 400 ml
Zubereitungszeit: 30 Minuten
Haltbar bis: 2 Monate

Zutaten:

- 250 g Tomaten
- 1 kleine rote Zwiebel
- 50 g getrocknete Tomaten ohne Öl
- 100 g TK-Brombeeren (alternativ 1 kleiner Apfel)
- 75 ml Balsamicoessig
- 2 EL brauner Zucker
- 1 TL geräuchertes Paprikapulver
- 1 TL Salz
- 3 EL Bourbon Whiskey
- 1 EL Worcestersauce

- Pürierstab
- Sieb
- 1 gründlich gereinigte, trockene Glasflasche mit festem Verschluss

BBQ-SAUCE

Zubereitung:

- Die Tomaten waschen, die Stielansätze entfernen und die Tomaten würfeln. Die Zwiebel schälen und ebenfalls würfeln. Die getrockneten Tomaten klein schneiden. Alles mit Brombeeren, Essig, Zucker, geräuchertem Paprikapulver, Salz, Whiskey und Worcestersauce in einen Topf geben und aufkochen lassen. Bei mittlerer Hitze ohne Deckel 10 Minuten unter gelegentlichem Rühren köcheln lassen.

- Dann mit einem Mixstab fein pürieren und weitere 10 Minuten unter ständigem Rühren einkochen lassen. Die Masse durch ein Sieb streichen, noch heiß in eine gründlich gereinigte Flasche abfüllen und sofort verschließen. Nach dem Abkühlen im Kühlschrank aufbewahren. Für eine noch längere Haltbarkeit die Flasche im Wasserbad bei 100 °C 60 Minuten einkochen.

Für ca. 400 ml
Zubereitungszeit: 20 Minuten
Haltbar bis: 2 Monate

Zutaten:

- 250 g Tomaten
- 1 kleine Zwiebel
- 50 g getrocknete Aprikose
- 50 g getrocknete Tomaten
- 75 ml Apfelessig
- ¾ TL Salz
- 2 Messerspitzen gemahlene Nelken
- 3 Prisen Muskat

- 1 gründlich gereinigte, trockene Glasflasche mit festem Verschluss

ZUCKERFREIES KETCHUP

Zubereitung:

- Die Tomaten waschen, die Stielansätze entfernen und würfeln. Die Zwiebel schälen und ebenfalls würfeln. Die getrockneten Aprikosen und die getrockneten Tomaten klein schneiden. Alles mit Essig, Salz, Nelkenpulver und Muskat in einen Topf geben, einmal aufkochen lassen und bei mittlerer Hitze ohne Deckel unter gelegentlichem Rühren 10 Minuten köcheln lassen. Noch heiß in eine gründlich gereinigte Flasche abfüllen und sofort verschließen. Nach dem Abkühlen im Kühlschrank aufbewahren. Für eine noch längere Haltbarkeit die Flasche im Wasserbad bei 100 °C 60 Minuten einkochen.

APFELSENF

Für 4 Gläser (mit je ca. 125 ml Inhalt)
Zubereitungszeit: 20 Minuten
Haltbar bis: 3–4 Monate

Zutaten:

- 100 g helle Senfkörner
- 2 aromatische Äpfel (je ca. 150 g)
- 125 ml Apfelessig
- 125 ml Apfelwein oder Apfelsaft
- 50 g Rohrohrzucker
- ½ TL Salz

- Blitzhacker oder Küchenmaschine zum Mahlen
- 4 gründlich gereinigte, trockene Einmachgläser (alternativ: Schraubglas)

Zubereitung:

- Die Senfkörner in einem Blitzhacker nach Belieben grob oder fein mahlen. Die Äpfel schälen, vierteln und vom Kerngehäuse befreien, die Viertel in kleine Würfel schneiden.

- In einem kleinen Topf den Essig mit dem Wein oder Saft sowie dem Zucker verrühren. Die gemahlenen Senfkörner, die Apfelstücke und Salz dazugeben. Alles unter Rühren zum Kochen bringen und zugedeckt bei mittlerer Hitze circa 10 Minuten köcheln lassen.

- Die Mischung kräftig durchrühren, dann abschmecken und kochend heiß in gründlich gereinigte Einmachgläser füllen, diese umgehend fest verschließen und den Senf auskühlen lassen.

TIPP

- Fruchtig-pikanter Senf passt bestens zu den verschiedensten Käsesorten, gegrilltem Gemüse, aber auch zu Roastbeef oder anderem Bratenaufschnitt.

ANANAS-CHUTNEY MIT ROTEN ZWIEBELN

Für 4 Gläser à ca. 250 ml
Zubereitungszeit: 35 Minuten
Haltbar bis: 3–4 Monate, eingekocht 1 Jahr

Zutaten:

- 1 Ananas (ca. 1,3 kg; 600 g geputzt)
- 3 rote Zwiebeln
- 2 Knoblauchzehen
- 40 g Ingwer
- 1–2 rote Chilischoten
- 60 g getrocknete Cranberrys
- 40 g Kokosblütenzucker
- 80 g Rohrohrzucker
- 170 ml Apfelessig
- 1 TL Salz

- 4 gründlich gereinigte, trockene Schraubgläser (alternativ: Einmachgläser)

Zubereitung:

- Die Ananas schälen, längs vierteln und den harten Mittelstrunk entfernen. Das Fruchtfleisch in sehr kleine Würfel schneiden. Die Zwiebeln, den Knoblauch und den Ingwer schälen und fein würfeln. Die Chilischoten waschen, putzen, aufschlitzen und entkernen, die Schoten in feine Streifen schneiden. Die Cranberrys klein schneiden.

- Die vorbereiteten Zutaten zusammen mit beiden Zuckersorten, Apfelessig und Salz in einem großen Topf verrühren. Alles unter Rühren zum Kochen bringen und halb zugedeckt bei mittlerer Hitze etwa 20 Minuten köcheln lassen.

- Das Chutney kochend heiß in gründlich gereinigte Gläser abfüllen und diese sofort fest verschließen. Das Chutney hält sich im Kühlschrank verschlossen circa 3–4 Monate. Alternativ im Wasserbad bei 100 °C 60 Minuten einkochen, so hält es sich etwa 1 Jahr im Vorratsschrank.

TIPP

- Das Chutney schmeckt besonders gut zu gegrilltem Fisch oder Gemüse, mexikanisch gewürzten Steaks oder zusammen mit würzig-cremigem Weichkäse auf Vollkornbrot oder Baguette. Auch bei Burgern sorgt es für herzhafte Abwechslung.

VEGANE
MAYO

Vegane Mayonnaise

Für ca. 1 Glas à 225 g
Zubereitungszeit: 5 Minuten
Haltbar bis: 4 Wochen, eingekocht ca. 6 Monate

Zutaten:

- 100 ml ungesüßter Sojadrink, zimmerwarm
- 125 ml Rapsöl
- 1 EL Weißweinessig
- 1,5 TL Senf
- ¼ TL Salz

- 1 gründlich gereinigtes, trockenes Schraubglas

Zubereitung:

- Sojadrink, Rapsöl, Weißweinessig, Senf und Salz in einen Mixer oder einen hohen Rührbecher geben und mit einem Pürierstab kräftig mixen. Die Mayonnaise anschließend in ein gründlich gereinigtes Schraubglas füllen und sofort verschließen. Sie hält sich im Kühlschrank bis zu 4 Wochen. Für eine längere Haltbarkeit das Glas im Wasserbad bei 100 °C 60 Minuten einkochen.

Mayonnaise

Für 1 Glas à ca. 100 g
Zubereitungszeit: 10 Minuten
Haltbar bis: 3 Tage

Zutaten:

- 1 Eigelb
- 1 TL Senf
- 1 TL Essig
- 75 ml neutrales Öl (z. B. Sonnenblumen-, Raps- oder Traubenkernöl)
- Salz

- 1 gründlich gereinigtes, trockenes Schraubglas

Zubereitung:

- Das Eigelb in eine Metallschüssel geben. Senf und Essig zufügen und alles gut mit einem Schneebesen verrühren, bis die Masse eine cremige Konsistenz hat. Das Öl unter ständigem Rühren mit dem Schneebesen zunächst tröpfchenweise zugeben, bis die Masse andickt. Dann weiterhin unter ständigem Rühren das Öl in einem dünnen Strahl einlaufen lassen. Am Schluss die Mayonnaise mit Salz und gegebenenfalls noch etwas Essig abschmecken. Die Mayonnaise anschließend in ein gründlich gereinigtes Schraubglas füllen und sofort verschließen.

Küchentipp

- Du liebst Olivenöl? Dann probiere doch mal, eine Mayonnaise mit Olivenöl zuzubereiten. Aber Achtung: Sie schmeckt dann auch entsprechend kräftig.

VEGANE DUNKLE BRATENSAUCE

Für ca. 150 ml (4 Portionen)
Zubereitungszeit: 40 Minuten
Haltbar bis: 8–12 Monate

Zutaten:

- 1 Bund Suppengemüse
- 2 Knoblauchzehen
- 2 Zweige Thymian
- 1 große Tomate
- 2 EL Rapsöl
- 150 ml Rotwein
- 2 Lorbeerblätter
- 1 Sternanis
- 3 EL Sojasauce
- 1 gehäufter EL Misopaste
- 1 Espresso
- 1 TL Ahornsirup
- frisch gemahlener schwarzer Pfeffer
- Salz

- Espressokocher
- Sieb
- Eiswürfelförmchen (zum Tiefgefrieren)
- 4 gründlich gereinigte, trockene Schraubgläser (alternativ: Einmachgläser)

Zubereitung:

- Das Suppengemüse putzen, gegebenenfalls schälen, klein schneiden und in einem Blitzhacker fein hacken. Den Knoblauch schälen und ebenfalls fein hacken. Den Thymian waschen und trocken schütteln. Die Tomate waschen und grob würfeln.

- Das Öl in einem kleinen Topf erhitzen. Knoblauch und die Gemüseraspel darin 4–5 Minuten scharf anbraten, bis sie zu bräunen beginnen. Die Tomaten weitere 2 Minuten mit anbraten, dann mit Rotwein ablöschen und 3 Minuten einköcheln lassen. Dann Lorbeerblätter, Sternanis, Thymian, Sojasauce und Misopaste zugeben und ohne Deckel bei mittlerer Hitze köcheln lassen. Einen Espresso brühen und zugeben. Alles 10 Minuten ohne Deckel einköcheln lassen. Die Sauce durch ein feines Sieb abseihen und mit Ahornsirup, Pfeffer und Salz abschmecken.

- Für den Vorrat die Sauce vollständig abkühlen lassen, in Eiswürfelförmchen füllen und tieffrieren.

- Alternativ kannst du die Sauce portioniert in gründlich gereinigte Schraubgläser füllen und im Wasserbad 60 Minuten bei 100 °C einkochen. So hält sie sich bis zu 1 Jahr.

KÜCHENTIPP

- Der Vorteil an portionierter Sauce: Wenn du nur einen Gast bekochst, der eine vegane Sauce möchte, alle anderen aber eine Fleischsauce essen, kannst du bequem die eine Portion Sauce auftauen.

- Außer zu Braten schmeckt die Sauce zum Beispiel auch gut zu Möhrengemüse und Klößen.

SCHON GEWUSST?

- Fertige Saucen aus dem Glas können Säuerungsmittel, Verdickungsmittel und Aromen enthalten und einige sind sogar richtige Zuckerbomben. Die selbst gemachte Variante kommt ganz ohne Zucker aus.

VEGGIE-BOLOGNESE-SAUCE

Für 4 Gläser à 300 g
Zubereitungszeit: 40 Minuten
Haltbar bis: 1 Jahr

Zutaten:

- 1 Bund Suppengrün
- 1 kleine Schalotte
- ¼ Bund gemischte italienische Kräuter (z. B. Thymian, Rosmarin, Oregano, Majoran)
- 3 TL Olivenöl
- 1 EL Tomatenmark
- 400 g Tomatenstücke (Konserve)
- 600 ml Gemüsebrühe oder Fond
- 125 g schnell kochender Dinkel
- 4 Prisen frisch gemahlener schwarzer Pfeffer

- 4 gründlich gereinigte, trockene Schraubgläser (alternativ: Einmachgläser)

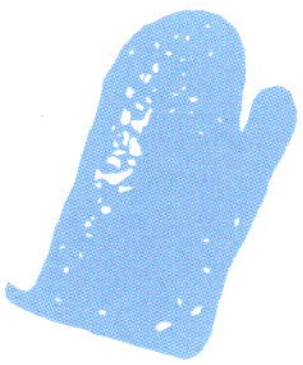

Zubereitung:

- Das Gemüse aus dem Bund Suppengrün waschen, putzen und klein würfeln. Die Schalotte schälen und fein hacken. Die Kräuter waschen, trocken schütteln, Blättchen abzupfen und klein hacken.

- Das Öl in einem Topf erhitzen. Zwiebeln und Suppengemüse darin 5 Minuten bei hoher Hitze unter Wenden ringsum anbraten. Dann das Tomatenmark zugeben und weitere 2 Minuten unter Rühren mitbraten. Das Gemüse mit Tomatenstücken und der Gemüsebrühe beziehungsweise dem Fond ablöschen. Nun den Dinkel, den Pfeffer und die gehackten Kräuter zugeben und die Hitze auf mittlere Stufe reduzieren.

- Die Tomatensauce circa 25 Minuten bei geschlossenem Deckel unter gelegentlichem Rühren köcheln lassen. Dann heiß in gründlich gereinigte Gläser abfüllen und sofort verschließen. Beim Einfüllen darauf achten, dass alles mit Flüssigkeit bedeckt ist und zum oberen Glasrand mindestens 2 cm Platz bleiben.

- Die Gläser im Wasserbad bei 100 °C 60 Minuten einkochen, dann vollständig auskühlen lassen.

KÜCHENTIPPS

- Statt Dinkel kannst du auch einfach Gemüsestücke wie Pastinake, Sellerie oder Kürbis nehmen. Die Veggie-Bolo schmeckt auch mit braunen Linsen oder feinen Sojaschnetzeln.

- Der Dinkel quillt noch mal stark nach. Gegebenenfalls musst du beim Aufwärmen noch etwas Wasser zugeben.

SALSA-DIP

Für 1 kleines Glas (ca. 200 g)
Zubereitungszeit: 20 Minuten
Haltbar bis: 4–6 Wochen, eingekocht 1 Jahr

Zutaten:

- 300 g Tomaten
- 1 kleine Chilischote
- 1 rote Zwiebel
- 1 TL Zucker
- ½ TL Salz

- 1 gründlich gereinigtes, trockenes Schraubglas

Zubereitung:

- Die Tomaten waschen, die Stielansätze entfernen, dann die Tomaten entkernen und klein würfeln. Die Chilischote waschen, den Stiel entfernen und die Chilischote fein hacken. Die Zwiebel schälen und ebenfalls fein hacken. Alles zusammen mit Zucker und Salz in einen kleinen Topf geben, einmal unter Rühren aufkochen lassen und 10 Minuten bei mittlerer Hitze unter gelegentlichem Rühren offen einköcheln lassen.

- Die Salsa-Sauce in ein gründlich gereinigtes Glas abfüllen und sofort verschließen. Im Kühlschrank aufbewahrt ist die Sauce so nun circa 4–6 Wochen haltbar. Für eine längere Haltbarkeit das Glas im Wasserbad 60 Minuten bei 100 °C einkochen. So ist die Salsa 12 Monate ungekühlt haltbar.

TIPP

- Die Salsa schmeckt als Dip zu Taco-Chips, reifem Käse, als Sauce in Tortilla-Wraps oder zu Kartoffelspalten aus dem Ofen.

SCHON GEWUSST?

- Es gibt fertige Salsa-Saucen, die enthalten pro 200-Gramm-Glas über 50 Gramm Zucker. Das ist so viel zugesetzter Zucker, wie ein Erwachsener im Durchschnitt an einem Tag maximal zu sich nehmen sollte – mehr ist nicht gesund. Außerdem können sich Aromen, Geschmacksverstärker und weitere Zusatzstoffe in den Saucen aus dem Handel verstecken.

GEMÜSECURRY IM GLAS

Für ca. 4 Gläser à 500 ml
Zubereitungszeit: 20 Minuten
Haltbar bis: 4–6 Monate

Zutaten:

- 300 g Möhren (Stifte)
- 200 g Kichererbsen (Abtropfgewicht, aus der Dose)
- 500 g Brokkoli (kleine Röschen)
- 2 EL Öl zum Anbraten
- 1,5 EL Currypaste
- 400 ml Bio-Kokosmilch
- ½ TL Salz

- Sieb
- 4 gründlich gereinigte, trockene Schraubgläser (alternativ: Einmachgläser)

Zubereitung:

- Die Möhren schälen, die Enden knapp abschneiden, dann die Möhren in Stifte schneiden. Die Kichererbsen in ein Sieb abgießen, abspülen und abtropfen lassen. Den Brokkoli waschen und in feine Röschen schneiden. Den Stiel schälen und ebenfalls in Stifte schneiden.

- Eine Wokpfanne oder eine tiefe Pfanne auf voller Stufe erhitzen. Das Öl hineingeben und die Möhren und Brokkolistiele darin zunächst 1–2 Minuten anbraten. Dann für 1 weitere Minute den Brokkoli zugeben. Dann die Currypaste in der Pfannenmitte kurz anrösten. Mit Kokosmilch und 400 ml Wasser ablöschen, Salz zugeben und einmal aufkochen lassen.

- Die Kichererbsen unterheben und das Gemüsecurry in gründlich gereinigte Gläser abfüllen. Sofort verschließen und bei 100 °C 60 Minuten einkochen. Nach 24 Stunden die Gläser noch einmal bei 100 °C 60 Minuten einkochen. Dann kannst du sie im Vorratsschrank lagern.

GEMÜSECURRY MIT REIS UND HÄHNCHEN

Für 2 Portionen

- Das Curry in einem Topf einmal kurz aufkochen. 100 g Reis nach Packungsangabe zubereiten. 200 g Hähnchengeschnetzeltes in einer Pfanne in etwas Öl goldbraun anbraten. Einen kleinen Bund Koriander waschen, trocken schütteln, die Blättchen abzupfen und hacken. Den Reis auf Schalen verteilen und das Gemüsecurry darübergeben. Die Hähnchenstreifen darauf verteilen, 1 kleine Handvoll gehackte Erdnüsse dazugeben und mit Koriander bestreut servieren.

TIPP

- Das Gemüsecurry schmeckt statt mit Reis auch mit Blumenkohl-Reis, Hirse, Kartoffeln oder Fladenbrot. Statt Hähnchenstreifen kannst du auch gebratene Tofu- oder Seitanstreifen oder ein Spiegelei dazu servieren.

HUMMUS

Für ca. 400 g
Zubereitungszeit: 15 Minuten
Haltbar bis: ca. 3–4 Tage abgedeckt im Kühlschrank

Zutaten:

- 2 Knoblauchzehen
- 200 g Kichererbsen (Abtropfgewicht, aus der Dose)
- 100 g helles Tahini (Sesammus)
- 2 EL Zitronensaft
- ½ TL Salz

Zum Anrichten:

- ein paar Kichererbsen
- etwas Olivenöl
- ein paar Pinienkerne
- etwas Paprikapulver

- Tasse
- Sieb
- Pürierstab oder Küchenmaschine zum Pürieren

Zubereitung:

- 100 ml Wasser in einer Tasse in den Tiefkühler stellen. Die Knoblauchzehen schälen und sehr fein hacken. Die Kichererbsen in ein Sieb abgießen, abspülen und abtropfen lassen.

- Wenn du das Hummus gleich servierst, von den Kichererbsen ein paar zur Seite legen, die restlichen Kichererbsen für das Hummus verwenden; wenn du auf Vorrat arbeitest, die 200 g Kichererbsen mit Knoblauch, Tahini, Zitronensaft und Salz in einen hohen Rührbecher geben und mit dem Mixstab pürieren. Dann das Eiswasser aus dem Tiefkühler zugeben und alles 2–3 Minuten mit dem Pürierstab feincremig pürieren. Alternativ im Hochleistungsmixer pürieren.

- Zum Anrichten etwas Olivenöl über das Hummus geben, einige Kichererbsen darüber verteilen und nach Belieben mit gerösteten Pinienkernen und etwas Paprikapulver bestreut servieren.

TIPP

- Hummus ist reich an Ballaststoffen und enthält einiges an pflanzlichem Eiweiß. Das macht den Dip zu einem perfekten satt machenden Snack, zum Beispiel mit Rohkostgemüse wie Möhren, Gurken, Paprika. Hummus eignet sich aber auch als Brotaufstrich oder Creme für bunte Wraps. Häufig wird Hummus auch einfach nur zu Fladenbrot gegessen.

ERBSENHUMMUS

Für ca. 400 g
Zubereitungszeit: 20 Minuten
Haltbar bis: ca. 3–4 Tage abgedeckt im Kühlschrank

Zutaten:

- 2 Knoblauchzehen
- 100 g Kichererbsen (Abtropfgewicht, aus der Dose)
- 5–8 Blättchen Minze
- 100 g TK-Erbsen
- 100 g helles Tahini (Sesammus)
- 2 EL Zitronensaft
- ½ TL Salz

Zum Anrichten:

- etwas Olivenöl
- ein paar Erbsen
- ein paar Blättchen Minze

- Sieb
- Pürierstab oder Küchenmaschine zum Pürieren

Zubereitung:

- 80 ml Wasser in einer Tasse in den Tiefkühler stellen. Die Knoblauchzehen schälen und sehr fein hacken. Die Kichererbsen in ein Sieb abgießen, abspülen und abtropfen lassen. Die Minzblättchen waschen und trocken tupfen.

- Die Erbsen in einen Topf mit kochendem Wasser geben und 3 Minuten blanchieren. Anschließend abgießen und gründlich mit kaltem Wasser abspülen, damit sie ihre schöne grüne Farbe behalten. 1 TL voll Erbsen beiseitelegen.

- Die Kichererbsen und Erbsen mit Knoblauch, Tahini, Zitronensaft, Minze und Salz in einen hohen Rührbecher geben und mit dem Mixstab pürieren. Dann das Eiswasser aus dem Tiefkühler zugeben und alles 2–3 Minuten mit dem Pürierstab fein-cremig pürieren. Alternativ im Hochleistungsmixer pürieren.

- Zum Anrichten etwas Olivenöl über das Hummus geben und mit den beiseitegelegten Erbsen und etwas Minze bestreut servieren.

AJVAR (PAPRIKASAUCE)

Für ca. 2 Gläser à 300 g
Zubereitungszeit: 35 Minuten
Haltbar bis: ca. 4 Wochen, eingekocht 1 Jahr

Zutaten:

- 2 rote Paprika
- 1 rote Peperoni nach Belieben
- 1 Aubergine
- 1 rote Zwiebel
- 1 Knoblauchzehe
- 3 EL Olivenöl
- 1 TL Salz

- Pürierstab oder Küchenmaschine zum Pürieren
- 2 gründlich gereinigte, trockene Schraubgläser (alternativ: Einmachgläser)

Zubereitung:

- Den Backofen mit einem Backblech auf oberster Schiene auf die Grillfunktion stellen und auf 220 °C vorheizen. Alternativ das Gemüse auf einem Grill zubereiten.

- Paprika, Peperoni und Aubergine waschen und trocken reiben. Die Aubergine mit einem spitzen Messer ringsum ein paarmal einstechen, damit sie beim Backen nicht platzt. Die Zwiebel und den Knoblauch schälen und grob hacken.

- Paprika, Peperoni und Aubergine in den Ofen auf das heiße Blech unter den Grill legen und 30 Minuten grillen, dabei gelegentlich wenden. Es macht nichts, wenn das Gemüse außen schwarz wird. Das Fruchtfleisch gart inzwischen und die Schale kannst du später leicht abziehen.

- Paprika, Peperoni und Aubergine aus dem Ofen nehmen, kurz abkühlen lassen und die Haut abziehen. Bei der Paprika zusätzlich das Kerngehäuse entfernen. Um sämtliche Schalen- und Kerngehäusereste zu entfernen, kannst du die abgezogene Paprika in einer Schüssel mit kaltem Wasser abspülen.

- Das Paprika-, Peperoni- und Auberginen-Fruchtfleisch in grobe Stücke schneiden und mit Zwiebel, Knoblauch, Olivenöl und Salz in einen Topf geben. Die Masse einmal aufkochen, dann bei mittlerer Hitze 5 Minuten köcheln lassen.

- Alles mit einem Mixstab fein pürieren, heiß in gründlich gereinigte Gläser abfüllen und sofort verschließen.

- Das Ajvar hält sich so circa 4 Wochen im Kühlschrank. Für eine längere Haltbarkeit das Ajvar im Wasserbad bei 100 °C 60 Minuten einkochen. So hält es sich im Vorratsschrank bis zu 1 Jahr.

TIPP

- Ajvar eignet sich als schnelle Sauce zu Nudel-, Reis- oder Kartoffelgerichten, aber auch für Wraps und Sandwiches, als Dip zum Grillen oder für Aufläufe.

SCHNELLE COUSCOUSPFANNE MIT HACKBÄLLCHEN

Für 4 Portionen

- 300 g Hackbällchen (Rezept Seite 134) im Ofen erwärmen oder in der Pfanne anbraten. 250 g Couscous in eine Schüssel geben und mit 500 ml kochendem Wasser übergießen. Abgedeckt 10 Minuten quellen lassen. 1–2 Frühlingszwiebeln waschen, putzen und in feine Ringe schneiden. 1 Glas Ajvar (300–400 g) in einem Topf erwärmen. Couscous auf 4 Teller verteilen. Das Ajvar darübergeben, die Hackbällchen darauf anrichten und mit Frühlingszwiebelringen bestreut servieren.

SCHOKOAUFSTRICH MIT NUR VIER ZUTATEN

Für ca. 200 g
Zubereitungszeit: 5 Minuten
Haltbar bis: 3 Wochen

Zutaten:
- 50 g Soft-Datteln
- 2 EL Kakaopulver schwach entölt
- 100 g Haselnussmus

- Blitzhacker oder Pürierstab
- 1 gründlich gereinigtes, trockenes Schraubglas

Zubereitung:
- Die Datteln klein schneiden, dann mit dem Kakaopulver, dem Haselnussmus und 50 ml Wasser in einen Blitzhacker geben und zu einer glatten Creme vermischen. Alternativ in einen hohen Rührbecher geben und mit dem Mixstab sehr fein und cremig pürieren. Die Masse in ein gründlich gereinigtes Schraubglas füllen und im Kühlschrank aufbewahren.

SCHOKO-HEFEHÖRNCHEN

Für 12 Stück
- 1 Ei trennen, das Eigelb abgedeckt in den Kühlschrank stellen. ½ Würfel Hefe in eine Schüssel geben und in 180 ml zimmerwarmer Milch auflösen. 425 g Weizenmehl Type 405, 30 g Zucker, 60 g weiche Butter, 1 ½ TL Salz, das Eiweiß und ein weiteres Ei dazugeben und mit den Knethaken des Handrührgeräts in 10 Minuten zu einem glatten Teig verkneten. Den Teig zu einer Kugel formen und abgedeckt über Nacht im Kühlschrank ruhen lassen.

- Am nächsten Tag den Teig auf einer bemehlten Arbeitsfläche kreisrund (ca. 30 cm Ø) ausrollen und in 12 Tortenstücke schneiden. Die hinteren Drittel der Tortenstücke mit 100 g Schokoaufstrich bestreichen, dann von dort zur Spitze aufrollen und mit etwas Abstand auf ein mit Backpapier ausgelegtes Blech setzen. Die fertig geformten Hörnchen mit einem Küchentuch abgedeckt 1 Stunde bei Raumtemperatur gehen lassen.

- Den Backofen auf 180 °C Ober-/Unterhitze vorheizen. Das übrige Eigelb mit 1 EL Sahne oder Milch verrühren und die Hörnchen mit der Hälfte der Masse vor dem Backen bestreichen. Die Hörnchen 20 Minuten im vorgeheizten Ofen backen, dann aus dem Ofen nehmen und sofort mit der restlichen Ei-Milch-Masse bestreichen, damit sie glänzen. Etwas auskühlen lassen und am besten warm genießen.

SCHON GEWUSST?

- Handelsübliche Schoko-Nuss-Aufstriche enthalten oft viel Zucker, zudem Palmöl und Zusatzstoffe wie Emulgatoren und manchmal auch Aroma. Im selbst gemachten Aufstrich stecken nur vier Zutaten und er kommt ohne zugesetzten Zucker aus, weil die Datteln reichlich Süße mitbringen.

ERDBEER
M.
ERDBEER
M.

ERDBEER-MARMELADE

Für 4 Gläser à 220 ml
Zubereitungszeit: 15 Minuten + 1 Stunde zum Auszuckern
Haltbar bis: 6–8 Wochen im Kühlschrank, eingekocht 1 Jahr

Zutaten:

- 600 g Erdbeeren
- 200 g Zucker
- 7 g Pektin
- 1 EL Zitronensaft

- Pürierstab
- 4 gründlich gereinigte, trockene Schraubgläser (alternativ: Einmachgläser)

Zubereitung:

- Die Erdbeeren vorsichtig waschen, dann erst den Stielansatz entfernen und die Früchte in einen Topf geben. 3 EL Zucker hinzufügen und alles mindestens 1 Stunde ziehen lassen. Das Pektin mit dem restlichen Zucker in einer Schüssel vermengen. In der Zwischenzeit die Gläser und Deckel für den Fruchtaufstrich auskochen.

- Den Zitronensaft in den Topf zu der Erdbeer-Masse geben, auf mittlerer Hitze erwärmen. Unter gelegentlichem Rühren den Zucker in den Erdbeeren in circa 5 Minuten schmelzen lassen. Dann die Masse mit einem Mixstab glatt pürieren. Alles einmal aufkochen lassen und unter Rühren das Pektin-Zucker-Gemisch einrieseln lassen. Die Gelierprobe machen, den Fruchtaufstrich sofort in gründlich gereinigte Gläser abfüllen und verschließen.

- Für eine längere Haltbarkeit die Gläser anschließend im Wasserbad bei 90 °C 30 Minuten einkochen lassen.

KÜCHENTIPP

- Je länger du die Masse kochen lässt, umso fester wird dein Fruchtaufstrich. Magst du es gerne samtiger, dann lasse erst alles einmal aufkochen, rühre dann den Gelierzucker (Zucker und Pektin) zügig ein, mache sofort die Gelierprobe und fülle den Aufstrich unverzüglich in die Gläser ab.

KLASSISCHES BASILIKUMPESTO

Für 1 Glas à ca. 180 g
Zubereitungszeit: 20 Minuten
Haltbar bis: 3 Wochen im Kühlschrank, eingekocht bis 1 Jahr

Zutaten:

- 1 Topf (ca. 35 g) Basilikum
- 30 g Pinienkerne
- 40 g Parmesan
- 1 Knoblauchzehe
- 1 TL Zitronensaft
- 75 ml Olivenöl nativ extra + etwas mehr

- Blitzhacker oder Pürierstab
- 1 gründlich gereinigtes, trockenes Schraubglas

Zubereitung:

- Die Basilikumblättchen abzupfen, waschen und gründlich trocken tupfen. Die Pinienkerne in einer trockenen Pfanne rösten, bis sie zu duften und zu bräunen beginnen. Dann sofort aus der Pfanne nehmen. Den Parmesan grob reiben. Den Knoblauch schälen und fein hacken. Alles zusammen mit Zitronensaft und Olivenöl in einen Blitzhacker geben und zu einer homogenen Paste pürieren. Alternativ alles in einen hohen Rührbecher geben und mit dem Mixstab fein pürieren. Das Pesto in ein gründlich gereinigtes Schraubglas füllen, mit Olivenöl bedecken, verschließen und im Kühlschrank aufbewahren. Alternativ im Wasserbad bei 100 °C 60 Minuten einkochen, dann hält es sich bis zu 1 Jahr im Vorratsschrank.

VEGANES PETERSILIENPESTO

Für 1 Glas à ca. 200 g
Zubereitungszeit: 20 Minuten
Haltbar bis: 3 Wochen im Kühlschrank, eingekocht bis 1 Jahr

Zutaten:

- 1 Bund Petersilie (ca. 50 g)
- 40 g Haselnüsse
- 1/3 TL Salz
- 2 TL Zitronensaft
- 100 ml Olivenöl + etwas mehr

- Blitzhacker oder Pürierstab
- 1 gründlich gereinigtes, trockenes Schraubglas

Zubereitung:

- Die Petersilie waschen, sorgfältig trocken schütteln und die Blättchen abzupfen. Die Haselnüsse in einer trockenen Pfanne rösten, bis sie zu duften und zu bräunen beginnen. Dann sofort aus der Pfanne nehmen und grob hacken. Die Petersilie und Nüsse zusammen mit Salz, Zitronensaft und Olivenöl in einen Blitzhacker geben und zu einer homogenen Paste pürieren. Alternativ alles in einen hohen Rührbecher geben und mit dem Mixstab fein pürieren. Das Pesto in das Schraubglas füllen, mit Olivenöl bedecken, verschließen und im Kühlschrank aufbewahren. Alternativ im Wasserbad bei 100 °C 60 Minuten einkochen, dann hält es sich bis zu 1 Jahr im Vorratsschrank.

SCHON GEWUSST?

- Handelsübliches Pesto enthält häufig günstige Öle wie Sonnenblumenöl anstatt des hochwertigen und geschmackgebenden Olivenöls nativ extra. Die teuren Pinienkerne werden zudem gerne durch Cashewnüsse ergänzt. Der Geschmack bleibt dadurch auf der Strecke.

ROTES TOMATENPESTO

Für 1 Glas à ca. 200 g
Zubereitungszeit: 15 Minuten
Haltbar bis: 3 Wochen im Kühlschrank, eingekocht bis 1 Jahr

Zutaten:

- 40 g Mandeln
- 40 g Parmesan
- 50 g getrocknete Tomaten ohne Öl
- 100 ml Olivenöl + etwas mehr

- Blitzhacker oder Pürierstab
- 1 gründlich gereinigtes, trockenes Schraubglas

Zubereitung:

- Die Mandeln in einer trockenen Pfanne rösten, bis sie zu duften und zu bräunen beginnen. Dann sofort aus der Pfanne nehmen und grob hacken. Den Parmesan fein reiben. Die Tomaten klein schneiden. Mandeln und Tomaten zusammen mit dem Olivenöl in einen Blitzhacker geben und zu einer homogenen Paste pürieren. Alternativ alles in einen hohen Rührbecher geben und mit dem Mixstab fein pürieren. Dann den Parmesan unterheben. Das Pesto in ein gründlich gereinigtes Schraubglas füllen, mit Olivenöl bedecken, verschließen und im Kühlschrank aufbewahren. Alternativ im Wasserbad bei 100 °C 60 Minuten einkochen, dann hält es sich bis zu 1 Jahr im Vorratsschrank.

Vegetarischer Möhren-Brotaufstrich

Für ca. 2 Gläser à 200 g
Zubereitungszeit: 25 Minuten
Haltbar bis: ca. 1 Woche im Kühlschrank, eingekocht bis 1 Jahr

Zutaten:
- 300 g Möhren
- 1 Schalotte
- 2 EL Rapsöl
- ½ TL Salz
- 75 g gemahlene Mandeln
- 2 EL Tomatenmark
- 2 EL Limettensaft
- 1 TL abgeriebene Limettenschale
- 1 gestrichener TL gerebelter Thymian
- frisch gemahlener schwarzer Pfeffer

- Blitzhacker oder Pürierstab
- 1 gründlich gereinigtes, trockenes Schraubglas

Zubereitung:
- Die Möhren schälen, die Enden abschneiden, die geputzten Möhren auf einer Gemüsereibe grob raspeln. Die Schalotte schälen und fein hacken.

- 1 EL Öl in einer beschichteten Pfanne erhitzen. Die Schalotte darin bei mittlerer Hitze 2–3 Minuten anschwitzen. Dann die Möhrenraspel und das Salz zugeben. Bei geschlossenem Deckel circa 5 Minuten garen lassen.

- Die Möhren mit dem restlichen Öl, den Mandeln, dem Tomatenmark, dem Limettensaft und der Limettenschale, dem Thymian und 25 ml Wasser in einen Blitzhacker geben und gegebenenfalls portionsweise fein-cremig zu einer glatten Masse pürieren. Diese mit Salz und Pfeffer nach Belieben abschmecken und in ein gründlich gereinigtes Glas füllen.

- Den Aufstrich im Kühlschrank aufbewahren und innerhalb von einer Woche verbrauchen oder bei 100 °C 60 Minuten einkochen. Dann ist der Aufstrich circa 1 Jahr im Vorratsschrank haltbar.

Tipp

- Der Aufstrich schmeckt nicht nur auf dem Brot und in Wraps. Du kannst ihn zum Beispiel auch unter Quark rühren und als Dip für Gemüsestangen oder zu Pellkartoffeln servieren.

Für ca. 600 g
Zubereitungszeit: 15 Minuten
Hält sich abgedeckt ca. 4 Tage im Kühlschrank

Zutaten:

- 1 Schalotte
- 200 g weiche Butter + 1 EL
- 300 g Camembert
- 100 g Frischkäse
- 1 TL Paprikapulver edelsüß
- 1 TL Kümmelsamen

OBATZDA

Zubereitung

- Die Schalotte schälen, fein hacken und in 1 EL Butter glasig anschwitzen. Die restliche Butter in einer Rührschüssel mit den Quirlen des Handrührgeräts luftig aufschlagen. Den Camembert fein würfeln und mit Frischkäse, Paprikapulver, Kümmelsamen und Schalottenwürfeln verrühren. Dann die Butter unterheben und servieren.

Eingelegt & FERMENTIERT

Warum es sich lohnt, selbst zu fermentieren? Zum einen ist es weder schwer noch aufwendig, zum anderen ist es ein Riesenplus für die Gesundheit. Schnell ein Ferment aufgemacht, und schon hast du die Hälfte einer gesunden Mahlzeit parat – in Korea etwa gibt es oft Kimchi mit Reis. Dazu einfach Reis kochen, gegebenenfalls noch etwas Protein, zum Beispiel in Form von Spiegelei, schwarzen Bohnen oder Hähnchenbrust, dazu reichen, und fertig ist die schnelle, gesunde Mahlzeit. Eingelegte Tomaten sind übrigens auch eine prima Basis für eine schnelle Tomatensauce.

FERMENTIERTE GURKEN

Für 2 Gläser (à ca. 500 ml)
Zubereitungszeit: 10 Minuten + 6 Tage zum Fermentieren + 2 Wochen zum Reifen
Haltbar bis: 1–2 Monate

Zutaten:

- 1 kleine Zwiebel
- ½ Bund Dill
- 2 TL rote Pfefferkörner
- 1 TL Korianderkörner
- 1 TL Fenchelsamen
- 500 g Schmorgurken oder kleine Einlegegurken (bio)
- 35 g Salz

- 2 gründlich gereinigte, trockene Schraubgläser (alternativ: Einmachgläser)
- Gewicht zum Beschweren

Zubereitung:

- Die Zwiebel schälen, halbieren und in dünne Halbringe schneiden. Den Dill waschen und trocken schütteln, die Spitzen abzupfen und grob zerschneiden. Beides zusammen mit den Pfefferkörnern, den Korianderkörnern und den Fenchelsamen auf die Schraubgläser verteilen.

- Die Gurken gründlich in kaltem Wasser waschen. Die Enden abschneiden. Schmorgurken längs halbieren und quer in circa ½ cm dicke Scheiben schneiden, kleine Einlegegurken bleiben ganz. Die Gurken dann dicht aneinander in die Gläser schichten.

- In einer Schüssel das Salz mit 1 l kaltem Wasser verrühren, bis sich das Salz aufgelöst hat. Den Sud über die Gurken gießen, bis alle Zutaten bedeckt sind. Den übrigen Sud in einem verschlossenen Glas beiseitestellen.

- Ein passendes Gewicht, beispielsweise einen mit Wasser gefüllten Beutel oder in Klarsichtfolie gewickelte Glasmurmeln, auf die Gurken legen und diese so beschweren, dass sie vollständig mit Flüssigkeit bedeckt sind. Die Deckel dann locker auf die Gläser legen oder die Gläser mit Mull- oder Geschirrtüchern abdecken und circa 2 Tage bei Zimmertemperatur (circa 21 °C) möglichst dunkel stehen lassen.

- Sobald Bläschen aufsteigen, hat die Fermentation begonnen. Danach ist für weitere 3–4 Tage eine Temperatur von 15–18 °C ideal. Probiere ruhig zwischendurch. Magst du es lieber milder, dann kannst du sie schon früher in den Kühlschrank stellen. Wenn du es gerne etwas saurer magst, dann lass die Gurken noch ein paar Tage stehen. Anschließend die Deckel verschließen und die Gläser für 2 Wochen zum Reifen in den Kühlschrank stellen. Danach kannst du die Gurken nach und nach verbrauchen. Im Kühlschrank aufbwahren und immer mit sauberem Besteck entnehmen.

TIPP

- Genaue Zeitangaben lassen sich beim Fermentieren nicht machen; zu unterschiedlich wirken sich die verwendeten Zutaten, die Umwelteinflüsse und die Temperaturen auf den Fermentationsprozess aus. Aber: Wenn es im Glas unangenehm riecht oder sich gar Schimmel bildet, entsorge den Inhalt umgehend!

EINGELEGTE ZUCCHINI MIT INGWER

Für 2 Gläser à ca. 500 ml
Zubereitungszeit: 20 Minuten + 1 Tag zum Durchziehen + 2 Wochen zum Reifen
Haltbar bis: 2–3 Monate

Zutaten:

- 300 ml Reis- oder Weißweinessig
- 2 TL Salz
- 70 g Rohrohrzucker
- 500 g kleine Zucchini
- 30 g Ingwer
- 3 Knoblauchzehen
- 2 Stängel Zitronengras
- 1 EL Kreuzkümmelsamen

- 2 gründlich gereinigte, trockene Schraubgläser (alternativ: Einmachgläser)

Zubereitung:

- Den Essig zusammen mit ¼ l Wasser in einem Topf zum Kochen bringen. Salz und Zucker darin auflösen, dann den Sud abkühlen lassen.

- In der Zwischenzeit die Zucchini waschen, putzen und in circa 1 cm dicke Scheiben schneiden. Den Ingwer und den Knoblauch schälen und sehr fein hacken. Das Zitronengras waschen und putzen, die Stängel mit einem breiten Messer etwas flach drücken, dann in ganz feine Scheiben schneiden. Die Kreuzkümmelsamen in einer kleinen Pfanne bei hoher Hitze kurz rösten, bis sie angenehm duften.

- Alle Zucchinisccheiben, Ingwer, Knoblauch, Zitronengras und Kreuzkümmel in einem Topf mischen, mit dem abgekühlten Sud übergießen und zugedeckt 1 Tag im Kühlschrank ziehen lassen.

- Am nächsten Tag die Zutaten im Topf zum Kochen bringen und etwa 3 Minuten kochen lassen. Die Zucchini mit einem Schaumlöffel in gründlich gereinigte Gläser umfüllen. Den Sud noch einmal aufkochen lassen und über die Zucchini gießen. Die Gläser sofort fest verschließen. Die Gläser erkalten lassen und im Kühlschrank aufbewahren. Vor dem Verzehr am besten 2 Wochen durchziehen lassen.

TIPP

- Die Zucchini sind eine leckere Beilage zu gegrilltem Fisch, asiatischen Reisgerichten oder Ofenkartoffeln. Mit Feta oder einem Joghurtdip und Fladenbrot eignen sie sich als Vorspeise. Sie peppen aber auch Salate auf, passen auf Burger, Sandwiches und in Wraps gefüllt.

SCHMORTOMATEN AUS DEM OFEN

Für 1 Glas (à ca. 400 g)
Zubereitungszeit: 10 Minuten + 30 Minuten zum Backen
Haltbar bis: 4 Wochen

Zutaten:

- 500 g Cocktailtomaten
- 4 Knoblauchzehen
- 4–6 Zweige Oregano
- 1 Prise Zucker
- 5 EL Olivenöl + mehr

- 1 gründlich gereinigtes, trockenes Schraubglas

Zubereitung:

- Den Backofen auf 220 °C Ober-/Unterhitze vorheizen. Die Tomaten waschen, trocken tupfen und am Stielansatz kreuzförmig einschneiden. Den Knoblauch schälen und gegebenenfalls längs halbieren. Den Oregano waschen und sorgfältig trocken schütteln.

- Ein Backblech mit Backpapier auslegen. Tomaten, Knoblauchzehen und Oregano auf dem Blech verteilen. Den Zucker darüberstreuen und das Olivenöl drüberträufeln. Im Ofen (Mitte) circa 30 Minuten backen.

- Dann die Ofentomaten und den Knoblauch in ein gründlich gereinigtes Glas abfüllen, die Oreganoblättchen vom Stiel ziehen und ebenfalls in das Glas geben. Alles mit Olivenöl bedecken, das Glas verschließen, abkühlen lassen und im Kühlschrank aufbewahren.

TIPPS

- Die Tomaten lassen sich gut zerdrücken und lassen sich so als aromatische Pizzasauce verwenden. Ganz oder zerdrückt kommen sie auch für Nudelsaucen oder Aufläufe infrage.

- Du kannst die Schmortomaten in Wraps, Pita-Taschen und Sandwiches füllen. Sie passen zu Couscous und Hirse, Risotto, gegrilltem Gemüse, kräftigem Käse und Fisch.

1000 gr

EINFACHES KIMCHI

Für 1–2 Gläser (ca. 2 Liter)
Zubereitungszeit: 30 Minuten + 12 Stunden fürs Ziehenlassen + 3 Tage zum Fermentieren + 1 Woche zum Reifen
Haltbar bis: 2–3 Monate

Zutaten:

- 600 g Chinakohl
- Salz
- 100 g Rettich
- 1 daumengroßes Stück Ingwer
- 1 Bund Frühlingszwiebeln
- 1 Knoblauchzehe
- 50 g koreanisches Chilipulver (alternativ: Chilipulver)
- 1 TL Fischsauce
- 1 TL Zucker

- Blitzhacker
- 1–2 gründlich gereinigte, trockene Schraubgläser (alternativ: Einmachgläser)
- Gewicht zum Beschweren

Zubereitung:

- Die äußeren Blätter vom Chinakohl abtrennen. Den Kohl waschen und halbieren oder in Streifen schneiden. 1250 ml kaltes Wasser mit 37 g Salz verrühren, bis sich das Salz aufgelöst hat. Den Kohl in eine Schüssel oder einen Topf geben, mit der Salzlake begießen und vollständig bedecken. Über Nacht abgedeckt ziehen lassen.

- Den Rettich waschen, schälen und auf einer Gemüsereibe raspeln. Den Ingwer schälen und fein reiben. Die Frühlingszwiebeln waschen, putzen und klein schneiden. Den Knoblauch schälen. Ingwer, Frühlingszwiebeln und Knoblauch gemeinsam mit Chilipulver, Fischsauce und Zucker in einen Blitzhacker geben und zu einer Paste zerkleinern.

- Am nächsten Tag den Kohl gründlich ausspülen und ausdrücken, dabei einen Teil der Lake auffangen und aufheben. In einer Schüssel mit der Paste und dem Rettich verkneten. Dazu am besten Handschuhe anziehen.

- Den Kohl sehr dicht ¾ hoch in 1 oder 2 gründlich gereinigte Gläser schichten und beschweren, zum Beispiel mit einem Glasgewicht oder mit Wasser befüllten Beuteln, sodass der Kohl vollständig von Lake bedeckt ist. Gegebenenfalls noch etwas von der aufgefangenen Lake darübergeben. Den Deckel lose auflegen oder mit einem Tuch (zum Beispiel Mulltuch) bedecken. Den Kohl 3–6 Tage bei circa 21 °C an einem dunklen Ort fermentieren lassen. Danach das Gewicht entfernen, den Deckel schließen und das Kimchi im Kühlschrank noch circa 1 Woche reifen lassen. Im Kühlschrank aufbwahren und immer mit sauberem Besteck entnehmen.

KIMCHI MIT REIS

Für 2 Portionen

- Circa 100 g Basmatireis nach Packungsanleitung kochen. Derweil 2 Spiegeleier braten und 1–2 Frühlingszwiebeln waschen, putzen und in feine Ringe schneiden. Den Reis auf 2 Schüsseln verteilen, etwas Kimchi darauf anrichten, je 1 Spiegelei dazugeben und mit Frühlingszwiebelringen bestreut servieren.

TIPP

- Kimchi ist sehr vielseitig. Außer zu Reis schmeckt der fermentierte Kohl auch als Pfannkuchenfüllung oder im Teig mit ausgebacken, als Beilage zu Kartoffelpüree oder Spätzle, auf Burgern oder zum Raclette. Stell dir einfach vor, Kimchi sei Sauerkraut – genau so kannst du es servieren und bringst damit einen asiatischen Twist in deine Gerichte.

SAUERKRAUT

Für 2 Gläser à ca. 400 ml (oder 1 großes Glas)
Zubereitungszeit: 15 Minuten + 4–6 Wochen zum Fermentieren + 2 Woche zum Reifen
Haltbar bis: ca. 4 Monate

Zutaten:
- 1 rote Zwiebel
- 300 g Weißkohl
- 8 g unraffiniertes Meersalz

- 2 gründlich gereinigte, trockene Schraubgläser (alternativ: Einmachgläser)
- Gewicht zum Beschweren

Zubereitung:
- Die Zwiebel schälen und in feine Streifen schneiden. Die äußeren Kohlblätter entfernen, das Kraut waschen, den Strunk herausschneiden. Den Kohl auf einer Gemüsereibe in Streifen hobeln. Zwiebel- und Kohlstreifen in eine große Schüssel geben und kräftig mit dem Salz verkneten, bis sich ausreichend Lake gebildet hat.

- Das Kraut sehr dicht, möglichst ohne Luftblasen, in die gründlich gereinigten Gläser schichten. Dann mit Gewichten, zum Beispiel mit einem Glasgewicht oder mit Wasser befüllten Beuteln beschweren, sodass das Kraut vollständig mit Lake bedeckt ist. Das Glas locker verschließen oder mit einem Tuch (zum Beispiel Mulltuch) bedecken. An einem dunklen Ort bei Raumtemperatur (ca. 21 °C) etwa 2–3 Tage fermentieren lassen.

- Sobald Bläschen aufsteigen, ist das ein Zeichen, dass die Fermentation beginnt. Danach ist für weitere 3–6 Wochen eine Temperatur von 15–18 °C ideal. Probiere ruhig zwischendurch. Magst du es lieber milder? Dann ab in den Kühlschrank. Oder gerne etwas saurer? Dann lass das Kraut noch stehen. Anschließend die Gewichte entfernen, die Deckel verschließen und die Gläser für 2 Wochen zum Reifen in den Kühlschrank stellen. Danach kannst du das Kraut nach und nach verbrauchen. Im Kühlschrank aufbewahren und immer mit sauberem Besteck entnehmen.

KÜCHENTIPPS

- Probier doch mal, dein Sauerkraut mit Spitzkohl oder mit Rotkohl zuzubereiten.

- Eine fruchtige Note harmoniert sehr gut mit dem sauren Kraut: Einfach Pfirsich oder Apfel fein würfeln und mit dem Kraut fermentieren lassen.

- Vanille harmoniert wunderbar mit Kohl. Gib doch mal 1 Messerspitze gemahlene Vanille hinzu.

SCHON GEWUSST?

- Sauerkraut enthält reichlich Vitamin C und darmfreundliche Bakterien, die die Verdauung fördern. Allerdings trifft das nur auf frisch fermentiertes Kraut zu. Sauerkraut in der Konserve aus dem Supermarktregal bringt zwar guten Geschmack mit, aber weder reichlich Vitamine noch probiotische Bakterien. Das Selbermachen lohnt sich in zweierlei Hinsicht: guter Geschmack, gute Inhaltsstoffe.

SCHON GEWUSST?

- In den gefüllten Paprika aus dem Kühlregal können Antioxidationsmittel, Festigungsmittel und andere Zusatzstoffe (E-Nummern) stecken, sowie Zucker und Salz. Beim Selbermachen hast du selbst in der Hand, was und wie viel du davon drin haben möchtest.

GEFÜLLTE PAPRIKA

Für 1 Glas (ca. 500–750 ml)
Zubereitungszeit: 20 Minuten
Haltbar bis: ca. 2 Wochen

Zutaten:

- 300 g kleine Paprikaschoten
- 175 g Frischkäse
- 2 TL Honig
- ½ TL Chilipulver
- ca. 1 Flasche Olivenöl

- Schneebesen
- 1 gründlich gereinigtes, trockenes Schraubglas

Zubereitung:

- Die Paprikaschoten gründlich waschen, anschließend bei indirekter Hitze auf dem Grill von allen Seiten weich garen. Den Deckel knapp abschneiden und das Kerngehäuse entfernen.

- Für die Frischkäsecreme den Frischkäse mit Honig und Chili verrühren, mit dem Schneebesen zu einer Creme aufschlagen. Alles noch mal abschmecken und in einen Spritzbeutel füllen. Das Innere der ausgehöhlten Paprikaschoten mit der Frischkäsecreme befüllen.

- Die gefüllten Paprikaschoten in ein gründlich gereinigtes Schraubglas füllen und mit Olivenöl auffüllen, sodass das Gemüse vollständig bedeckt ist. Dann den Deckel schließen und die Paprikaschoten im Kühlschrank aufbewahren.

FETA MIT PEPERONI

Für 1 Glas à ca. 440 ml
Zubereitungszeit: 5 Minuten
Haltbar bis: 1–2 Wochen

Zutaten:

- 150 g Feta
- 1 TL getrockneter Thymian
- 1–2 Peperoni
- Olivenöl zum Auffüllen

Zubereitung:

- Den Feta in circa 1 cm große Stücke würfeln. Den Thymian auf der Arbeitsfläche ausstreuen und die Feta-Würfel vorsichtig darin wenden. Die Peperoni waschen, längs halbieren und entkernen. Feta und Peperoni in ein gründlich gereinigtes Glas füllen, mit Olivenöl bedecken, verschließen und im Kühlschrank aufbewahren.

SÜSSSAURE RADIESCHEN

Für 1 Glas à ca. 400 ml
Zubereitungszeit: 10 Minuten + 1 Tag zum Ziehen
Haltbar bis: ca. 2–3 Monate

Zutaten:

- 250 g Radieschen
- 100 ml Himbeeressig (alternativ: Apfelessig)
- 2 EL Zucker

- Gemüsereibe
- 1 gründlich gereinigtes, trockenes Schraubglas

Zubereitung:

- Die Radieschen waschen, putzen und auf einer Gemüsereibe in feine Scheiben hobeln. Essig, 100 ml Wasser und Zucker in einen Topf geben. Den Zucker darin auflösen und die Masse einmal aufkochen lassen.

- Die Radieschen eng in ein gründlich gereinigtes Glas schichten und mit dem heißen Essig übergießen. Das Glas sofort verschließen und auskühlen lassen. Die Radieschen mindestens 1 Tag ziehen lassen. Dann im Kühlschrank aufbewahren.

VEGANE BUDDHA-BOWL

Für 2 Portionen
Zubereitungszeit: 30 Minuten
Zum Sofort-Genießen

Zutaten:

- 100 g Quinoa
- 100 g Edamame
- 2 EL Bratöl
- 1 handvoll Salat
- ½ Avocado
- 1 Frühlingszwiebel
- vegane Mayonaise (Rezept Seite 85)
- zuckerfreies Ketchup (Rezept Seite 81)
- süsssaure Radieschen mit Sud
- Salz
- frisch gemahlener schwarzer Pfeffer
- Ofentomaten (Rezept Seite 110)
- Sesam

Zubereitung:

- Quinoa (alternativ Hirse oder Reis) nach Packungsangabe zubereiten. 100 g Edamame (TK, alternativ Erbsen) bei mittlerer Hitze in einer beschichteten Pfanne in 2 EL Bratöl 5–8 Minuten ringsum anbraten.

- 1 Handvoll Salat, zum Beispiel Pflücksalat, waschen und trocken schütteln. Die halbe Avocado in schmale Scheiben schneiden. Die Frühlingszwiebel waschen, putzen und in feine Ringe schneiden.

- Aus 2,5 EL veganer Mayonnaise, 1,5 EL Ketchup und 1–2 EL Radieschensud ein Dressing anrühren. Dieses mit Salz und Pfeffer abschmecken.

- Quinoa auf 2 Schalen verteilen. Salat, Edamame und Avocado darauf anrichten. 2 EL Ofentomaten und je Schale 1–2 TL süßsaure Radieschen dazugeben. Das Dressing darüberträufeln und mit je 1 TL Sesam und den Frühlingszwiebelringen bestreut servieren.

TIPP

- Die süßsauren Radieschen schmecken wunderbar in Salaten, Wraps und auf Burgern oder belegten Broten. Du kannst sie aber auch zu asiatischen Gerichten reichen.

SCHON GEWUSST?

- Du kannst das Grillgemüse vor dem Servieren nach Belieben mit etwas Essig beträufeln. So bekommt es noch mehr den Geschmack von mediterranem Antipasti-Gemüse.

GRILLGEMÜSE IN ÖL

Für 2 Gläser à ca. 400 ml
Zubereitungszeit: 20 Minuten
Haltbar bis: 3–4 Wochen

Zutaten:

- 1 kleiner Fenchel
- 1 Aubergine
- 1 Paprika
- 1 mittelgroße Zucchini
- 5 EL Olivenöl + Öl zum Auffüllen
- ½–1 TL Salz

- 2 gründlich gereinigte, trockene Schraubgläser (alternativ: Einmachgläser)

Zubereitung:

- Fenchel, Aubergine, Paprika und Zucchini waschen. Die Enden von Fenchel, Aubergine und Zucchini knapp abschneiden, dann das Gemüse in ½ cm dicke Scheiben schneiden. Die Paprika entkernen und anschließend in Streifen schneiden. Alles in eine Schüssel geben und mit 5 EL Öl vermengen.

- Das Gemüse auf dem Grill bei indirekter Hitze oder in einer Grillpfanne bei mittlerer Hitze grillen, bis es bräunt und weicher wird. Anschließend mit Salz bestreuen.

- Dann das Gemüse in gründlich gereinigte Gläser geben, mit Öl auffüllen, sodass das Gemüse damit komplett bedeckt ist, und sofort verschließen. Die Gläser vollständig auskühlen lassen und im Kühlschrank aufbewahren.

SANDWICH MIT GRILLGEMÜSE UND HALLOUMI

Für 2 Portionen

- 4 Scheiben Bauernbrot (alternativ kräftiges Brot nach Wahl) mit je 1 TL Möhren-Aufstrich (Rezept Seite 104) bestreichen. 4 Blätter Kopfsalat waschen und trocken schütteln. Frisches Fenchelgrün nach Belieben klein hacken (alternativ Dill oder andere frische Kräuter nach Wahl). 2 Scheiben Halloumi-Grillkäse in einer Grillpfanne oder auf dem Grill von beiden Seiten anbraten. 1 Tomate in Scheiben schneiden.

- 2 Brotscheiben mit je 1 Salatblatt belegen, darüber etwas Grillgemüse geben, dann die Tomatenscheiben darauf verteilen. Den Halloumi darüber platzieren und noch etwas Grillgemüse darauf anrichten. Die restlichen Salatblätter darüberlegen und mit den restlichen Brotscheiben mit dem Aufstrich nach unten bedecken. Nach Belieben zum besseren Halt die Sandwiches mit einem Schaschlikspieß stabilisieren.

TIPP

- Grillgemüse schmeckt außer in Sandwiches auch in schnellen Sommersalaten, zu Couscous, Bulgur, Hirse, Polenta oder Pasta, zu Bratkartoffeln, zum Raclette und als Füllung für Wraps oder Pita-Taschen.

FERTIGGERICHTE *selbstgemacht*

Hast du dich auch schon mal gefragt, was der Zucker in der Tiefkühlpizza macht? Oder dich geärgert, weil es deine Lieblingskombi einfach nicht gibt? Mach dir doch deine Tiefkühlpizza einfach selbst! Oder Brötchen, Baguette, Joghurt. An stressigen Tagen zu wissen, dass ganze Mahlzeiten zu Hause bereits fertig auf uns warten, ist ein beruhigendes Gefühl. Und Selbstgemachtes schmeckt einfach immer besser – Ravioli zum Beispiel! Die kannst du übrigens selbstverständlich auch mit zum nächsten Campingtrip nehmen.

EXPERIENCE

TIEFKÜHLPIZZA

Für 4 runde Pizzen
Zubereitungszeit: 35 Minuten + 18 Stunden Gehzeit + 20 Minuten zum Backen
Haltbar bis: 6 Monate

Zutaten:

Für den Pizzateig:

- 345 ml Wasser
- 1 erbsengroßes Stück frische Hefe (ca. 1 g)
- 1 EL Salz
- 575 g Weizenmehl Type 405 oder italienisches Tipo 00
- Olivenöl nativ extra
- etwas Hartweizengrieß
- 300 g Tomatenstücke aus der Dose, zerdrücken
- 150 g geriebener Käse (z. B. Emmentaler)

Zum Fertigstellen:

- Belag nach Wahl
- Handrührgerät
- optional: Pizzastein
- Gefrierboxen

Zubereitung:

- 345 ml Wasser mit Hefe und Salz in einer Schüssel mischen und auflösen. Das Mehl zugeben und die Zutaten mit den Knethaken des Handrührgeräts verkneten, bis eine Teigkugel entsteht, die sich leicht vom Schüsselrand lösen lässt. Das dauert 3–5 Minuten.

- Den Teig auf die Arbeitsfläche stürzen, mit der Schüssel abdecken und 10 Minuten ruhen lassen. Anschließend die Teigkugel dehnen und falten: Mit beiden Händen unter den Teig greifen, diesen nach oben ziehen und über den Teig schlagen, dann um 45 Grad drehen und diesen Schritt weitere 6–8-mal wiederholen, bis der Teig deutlich an Spannung gewonnen hat. Wieder 10 Minuten ruhen lassen und das Dehnen und Falten weitere 4-mal wiederholen. Den Teig dann in die Schüssel geben und abgedeckt über Nacht gehen lassen.

- Am nächsten Tag den Teig in 4 Stücke teilen und zu vier runden Ballen formen. 4 Schälchen mit je 1 TL Olivenöl ausstreichen, die Teigkugeln hineingeben, abdecken und 4–5 Stunden gehen lassen.

- Etwas Hartweizengrieß auf der Arbeitsfläche dünn ausstreuen und die Teigballen nacheinander darauf von der Mitte aus dünn ausziehen und einen Rand stehen lassen. Auf keinen Fall mit einem Nudelholz ausrollen, sonst wird die Luft aus dem Teig rausgedrückt und der Teig bleibt flach.

- Den Backofen auf 250 °C Ober-/Unterhitze vorheizen. Hast du einen Pizzastein? Dann lege ihn mit rein und heize ihn 1 Stunde vor. Die Tomaten in eine Schüssel geben, das restliche Olivenöl zufügen und alles mit den Händen zerdrücken. Die Pizzen auf mit Backpapier ausgelegte Backbleche legen, die Tomatensauce drauf verteilen, mit Käse bestreuen und im heißen Ofen (Mitte) nacheinander 5–6 Minuten vorbacken. Wenn du auf einem Pizzastein bäckst, brauchst du die Pizzen nicht auf ein Blech legen.

- Dann aus dem Ofen nehmen und vollständig auskühlen lassen. Danach kannst du sie, möglichst luftdicht verpackt – dafür eignen sich zum Beispiel Boxen –, tieffrieren.

KÜCHENTIPP

- Bestreu doch die Pizzen, wenn sie aus dem Ofen kommen, mal mit frischem Rucola oder Basilikumblättern. Sieht toll aus und schmeckt schön frisch.

ZUM FERTIGSTELLEN

- Die tiefgekühlten Pizzen mit allem belegen, was du magst, zum Beispiel Salamischeiben, Paprikastücke, Maiskörner, Spinat– und nach Belieben noch etwas mehr Käse darüberstreuen. Im vorgeheizten Ofen auf einem mit Backpapier ausgelegten Backblech bei 200 °C Ober-/Unterhitze circa 13 Minuten aufbacken.

OFEN-BAGUETTE MIT SCHINKEN UND SCHNITTLAUCH

Für ca. 4 Portionen
Zubereitungszeit: 15 Minuten + 10 Minuten zum Backen
Haltbar bis: 6 Monate

Zutaten:

- 2 Baguettes (zum Aufbacken oder frisch)
- 80 g Kochschinken in Scheiben
- 1 rote Paprika
- 200 g saure Sahne
- 2 EL Mayonnaise (Rezept Seite 85)
- ½ TL Salz
- ¼ TL frisch gemahlener schwarzer Pfeffer
- 200 g geriebener Käse (z. B. Emmentaler, Gouda)
- 20 g Schnittlauch (TK)

- Gefrierboxen

Zubereitung:

- Den Backofen auf 220 °C Ober-/Unterhitze vorheizen. Die Baguettes längs und – je nach Größe – quer halbieren und mit den Schnittseiten nach oben auf mit Backpapier ausgelegte Backbleche legen. Den Schinken fein würfeln. Die Paprika waschen, entkernen und ebenfalls fein würfeln.

- Die saure Sahne mit Mayonnaise, Salz und Pfeffer in einer Schüssel verrühren. Dann Paprika- und Schinkenwürfel, Käse und Schnittlauch zugeben und alles gründlich vermengen.

- Die Mischung gleichmäßig auf den Baguettes verteilen und im vorgeheizten Backofen 10 Minuten anbacken. Die Baguettes aus dem Ofen nehmen und vollständig auskühlen lassen, anschließend möglichst luftdicht verpackt, zum Beispiel in Boxen, tieffrieren.

- Zum Aufbacken die Baguettes circa 13 Minuten bei 200 °C Ober-/Unterhitze im vorgeheizten Ofen fertig backen.

KÜCHENTIPPS

- Für eine vegetarische Variante den Schinken einfach weglassen oder durch fein gewürfelten Räuchertofu (150 g) ersetzen.

- Die Baguettes lassen sich nach Lust und Laune belegen. Die Masse aus Paprika, Kochschinken und Schnittlauch kannst du zum Beispiel durch angebratene Zwiebeln und Champignons ersetzen. Auch lecker und bei Kindern beliebt: Mais, Paprika und Salami.

SCHON GEWUSST?

- Die Maultaschen schmecken gut in einer separat gegarten Gemüsebrühe oder in einem Fond gemeinsam mit Möhrenstiften, Lauch- oder Frühlingszwiebelringen und etwas Schnittlauch. Auch passend: Champignonscheiben, Erbsen oder Zucchini.

Tiefgekühlte Maultaschen

Ergibt ca. 30 Stück
Zubereitungszeit: 60 Minuten
Haltbar bis: 6 Monate

Zutaten:

- 250 g Weizenmehl Type 550 + etwas zum Verarbeiten
- 2 Eier (Größe M)
- 1,5 TL Salz
- 2 EL neutrales Öl
- 1 Bund Suppengrün
- 60 g Semmelbrösel
- ¼ TL frisch gemahlener schwarzer Pfeffer

- Handrührgerät
- Nudelmaschine (alternativ: Nudelholz)
- Gefrierboxen (alternativ: gefrierfeste Dosen)

Zubereitung:

- Mehl, Eier, ½ TL Salz, Öl und 3 EL Wasser in eine Schüssel geben und mit den Knethaken des Handrührgeräts zu einem glatten Nudelteig verkneten. Diesen abgedeckt bei Zimmertemperatur 30 Minuten ruhen lassen.

- In der Zwischenzeit das Bund Suppengrün putzen, grob klein schneiden und portionsweise im Blitzhacker fein hacken. Die Gemüsemasse mit Semmelbrösel, 1 TL Salz und Pfeffer gründlich vermischen und etwas ziehen lassen.

- Den vorbereiteten Teig mit der Nudelmaschine oder einem Nudelholz zu dünnen Teigbahnen (circa 2–3 mm) ausrollen und auf eine mit Mehl bestäubte Arbeitsfläche legen. Auf die Teigbahnen die Gemüsemasse streichen, dabei an der oberen langen Seite 2 cm frei lassen. Die Nudelteigbahnen von der langen unteren Seite eng aufrollen und vorsichtig etwas platt drücken. Mit beiden Händen den Stiel eines Kochlöffels nehmen und die Teigenden der Teigrolle damit zusammendrücken, sodass die Teigtaschen geschlossen sind. Dann die Teigrolle etwa alle 4 cm mit dem Kochlöffelstiel zusammendrücken, sodass Quadrate entstehen, die von Rillen getrennt sind. Mit einem Teigrädchen oder einem Messer die Rillen entlangfahren und die so entstandenen Maultaschen voneinander trennen. Unbedingt prüfen, ob die Maultaschen an allen Seiten geschlossen sind, ansonsten noch einmal mit dem Stiel festdrücken.

- Die rohen Maultaschen mit etwas Abstand auf einem mit Backpapier ausgelegten Brett verteilen und portionsweise 3–4 Stunden tiefffrieren. Danach in ein anderes Gefäß, zum Beispiel in eine Dose oder eine Tiefkühlbox, umfüllen. So kleben sie nicht aneinander.

- Zum Regenerieren einen großen Topf Salzwasser zum Sieden bringen. Die Maultaschen tiefgekühlt ins siedende Wasser geben und circa 3 Minuten darin ziehen lassen. Sollen die Maultaschen angebraten werden, nur 2 Minuten ins siedende Wasser geben, gründlich abtropfen lassen und anschließend in einer Pfanne anbraten.

Tiefkühl-Brötchen

Für ca. 8 Stück
Zubereitungszeit: 35 Minuten + 13,5 Stunden zum Gehenlassen + 10 Minuten zum Backen
Haltbar bis: 6–8 Monate

Zutaten:

- 1 kichererbsengroßes Stück frische Hefe (ca. 2 g)
- 600 g Dinkelmehl Type 630 (alternativ: Weizenmehl Type 550 + etwas für die Arbeitsfläche)
- 1 gehäufter TL Salz

- Handrührgerät
- 1 feuerfeste Schale
- Gefrierbox

Zubereitung:

- Die Hefe mit 325 ml lauwarmem Wasser in eine Schüssel geben und darin vollständig auflösen. Mehl und Salz hinzugeben und mit den Knethaken des Handrührgeräts in 4 Minuten zu einem glatten Teig verkneten, der sich leicht vom Schüsselrand lösen lässt. Dann den Teig auf die Arbeitsfläche stürzen, mit der Schüssel abdecken und 10 Minuten ruhen lassen.

- Anschließend die Teigkugel dehnen und falten: Dazu mit beiden Händen unter den Teig greifen, diesen nach oben ziehen und über den Teig schlagen, dann um 45 Grad drehen und diesen Schritt weitere 6–8-mal wiederholen, bis der Teig deutlich an Spannung gewonnen hat. Wieder 10 Minuten ruhen lassen und das Dehnen und Falten weitere 4-mal wiederholen. Den Teig dann in die Schüssel geben und abgedeckt über Nacht im Kühlschrank gehen lassen.

- Am nächsten Morgen den Teig aus dem Kühlschrank nehmen, vorsichtig (am besten mit einer Teigkarte oder einem Silikonspatel) aus der Schüssel lösen, mit der Unterseite auf die mit Mehl bestäubte Arbeitsfläche geben und mit den Händen leicht auseinanderziehen. Den Teig mithilfe der Teigkarte in 8 gleich große Stücke aufteilen. Diese auf ein mit Backpapier ausgelegtes Blech geben und abgedeckt 30 Minuten ruhen lassen.

- Währenddessen den Backofen auf 240 °C Ober-/Unterhitze vorheizen, dabei eine feuerfeste Schale auf den Ofenboden stellen. Das Backblech in den vorgeheizten Backofen (mittlere Schiene) geben, 100 ml kochendes Wasser in die feuerfeste Schale gießen und die Ofentür sofort schließen. Die Brötchen 10–12 Minuten backen. Nach 8 Minuten die Ofentür einmal öffnen, um den Wasserdampf entweichen zu lassen, damit die Brötchen knusprig werden.

- Die Brötchen aus dem Ofen nehmen und vollständig auskühlen lassen. Luftdicht verpacken und dann tieffrieren.

- Zum Regenerieren den Backofen auf 180 °C Ober-/Unterhitze vorheizen und die gefrorenen Brötchen auf dem Gitterrost (Mitte) in circa 10 Minuten aufbacken.

TK-GEMÜSECURRY MIT LINSEN

Für 4 Portionen
Zubereitungszeit: 35 Minuten
Haltbar bis: 4–6 Monate

Zutaten:

- 200 g kleine dunkle Linsen (z. B. Beluga-Linsen)
- 30 g Ingwer
- 2 Knoblauchzehen
- 1 rote Chilischote
- 250 g Zucchini
- 1 rote Paprikaschote
- 1 Lauchstange
- 1 große Zwiebel
- 2 EL Rapsöl
- 1–2 EL Currypulver
- 250 ml Kokosmilch (1 kleine Dose bzw. 1 kleiner Tetrapak)
- 300 ml Gemüsebrühe
- 3 EL Sojasauce
- Salz
- frisch gemahlener schwarzer Pfeffer

- Gefrierboxen

Zubereitung:

- Die Linsen in einem Becher mit 200 ml Wasser übergießen und beiseitestellen. Den Ingwer und den Knoblauch schälen und klein würfeln. Die Chilischote aufschlitzen, putzen, entkernen, waschen und fein hacken.

- Die Zucchini waschen. Die Paprika halbieren, von Stielansatz und Kernen befreien, dann waschen. Den Lauch putzen, aufschlitzen und gründlich waschen. Alles in mundgerechte Würfel schneiden. Die Zwiebel schälen und fein würfeln.

- Das Öl in einer tiefen Pfanne oder einem Wok erhitzen, Ingwer, Knoblauch, Zwiebel und Chili darin leicht anbraten. Das Currypulver darüberstreuen und mit anrösten, dann die Linsen samt Einweichwasser dazugeben. Aufkochen, dann 15 Minuten zugedeckt bei schwacher Hitze köcheln lassen.

- Zucchini, Paprika und Lauch dazugeben, Kokosmilch und Brühe angießen, mit Sojasauce würzen und offen unter häufigem Rühren etwa 8 Minuten köcheln lassen. Das Curry mit Salz und Pfeffer abschmecken und in Gefrierboxen füllen. Diese vollständig abkühlen lassen, dann erst verschließen und einfrieren.

- Zum Regenerieren das Curry antauen lassen und dann in einem Topf erwärmen. Alternativ 2 EL Wasser zugeben und dann erwärmen.

KÜCHENTIPPS

- Zur Abwechslung mal rote Linsen verwenden. Diese nicht vorkochen, sondern zusammen mit Gemüse, Kokosmilch und Brühe in den Wok geben. Rote Linsen sind blitzschnell gar, werden danach allerdings auch recht schnell zu weich und zerfallen dann.

- Möhren, Kürbis, Brokkoli, Blumenkohl oder Spinat schmecken auch gut im Curry.

- Zum Curry passen Reis, Hirse, Kartoffeln oder Fladenbrot, aber auch gebratene Hähnchen- oder Tofustreifen oder indischer Panir, eine Art Frischkäse.

INSTANT-GEWÜRZCOUSCOUS

Für 6–8 Portionen
Zubereitungszeit: 5 Minuten
Haltbar bis: 1 Jahr

Zutaten:

- 360 g Instant-Couscous
- 5 TL gekörnte Brühe
- 2 TL Knoblauchgranulat (ersatzweise Knoblauchpulver)
- 2 EL getrocknete Kräuter der Provence

- 1 gründlich gereinigtes, trockenes Schraubglas

Zubereitung:

- Alle Zutaten in einer Schüssel mischen, in ein gründlich gereinigtes Glas abfüllen und verschließen. An einem dunklen Ort aufbewahren.

- Bei der Verwendung pro Portion etwa 60 g Couscous mit der gleichen Menge kochendem Wasser übergießen und zugedeckt etwa 5 Minuten quellen lassen.

KÜCHENTIPPS

- Wenn du selbst gemachte gekörnte Brühe (Rezept Seite 46) benutzt, den Couscous bei der Zubereitung leicht salzen.

- Je nach verwendeter Couscous-Sorte kann etwas mehr Wasser nötig sein.

- Für ein schnelles Mittagsessen, zum Beispiel im Büro, den zubereiteten Couscous mit frischen Tomaten- oder Paprikawürfelchen aufpeppen, mit Gurken- oder Zucchinistückchen verfeinern, frischem Oregano oder Majoran bestreuen und etwas Kichererbsen oder Feta darübergeben.

HACKBÄLLCHEN

Für ca. 30 Stück
Zubereitungszeit: 30 Minuten
Haltbar bis: 6 Monate

Zutaten:

- 1 Zwiebel
- 400 g Hackfleisch
- 75 g Semmelbrösel
- 1 TL Salz
- 5 Prisen frisch gemahlener schwarzer Pfeffer
- 1 EL Bratöl

- Gefrierboxen (alternativ: Gläser mit Deckel oder Gefrierbeutel)

Zubereitung:

- Die Zwiebel schälen und sehr fein hacken. Zusammen mit dem Hackfleisch, den Semmelbröseln, Salz und Pfeffer in eine Schüssel geben und mit den Händen gründlich verkneten. Aus der Masse etwa 30 walnussgroße Bällchen formen.

- Eine große, beschichtete Pfanne auf mittlerer Stufe aufheizen und das Öl darin erhitzen. Die Hackbällchen darin 10 Minuten rundherum braun anbraten. Dann die Bällchen vollständig auskühlen lassen und auf einem mit Backpapier ausgelegten Brett tieffrieren. Nach 1–2 Stunden die Bällchen in eine Tiefkühlbox, ein Glas oder einen Beutel umfüllen, verschließen und tieffrieren.

- Zum Regenerieren die Hackbällchen auf ein mit Backpapier ausgelegtes Backblech geben und im vorgeheizten Ofen bei 150 °C Ober-/Unterhitze 15 Minuten erwärmen.

TIPPS

- Die Hackbällchen passen gut zu Kartoffelbrei mit Gemüse oder Salat, Klößen oder Spätzle, Nudeln mit Tomatensauce oder auch Reis mit griechischem Salat oder Zaziki.

- Du kannst sie aber auch in einer Tomaten- oder Champignonsauce mit Gemüse oder in einem Auflauf, zum Beispiel mit Nudeln oder Kartoffeln, im Ofen mit Käse überbacken. Dann musst du sie vorher nicht im Ofen backen.

KARTOFFELEINTOPF IM GLAS

Für ca. 5 Gläser à 500 ml
Zubereitungszeit: 30 Minuten
Haltbar bis: 8–12 Monate

Zutaten:

- 700 g festkochende Kartoffeln
- 1 Bund Suppengrün
- 1 Paprika (gelb oder rot)
- 1 Zwiebel
- 2 EL Olivenöl
- ¾ l kräftige Gemüsebrühe (instant oder Fond)
- 2 EL Tomatenmark (aus der Tube)
- 2 TL getrockneter Thymian
- 1 Prise Zucker
- ½ TL Salz

Zum Fertigstellen:

- 1 Wiener Würstchen pro Portion
- frisch gemahlener schwarzer Pfeffer
- optional: etwas frischer Thymian

- 5 gründlich gereinigte, trockene Schraubgläser (alternativ: Einmachgläser)

Zubereitung:

- Die Kartoffeln schälen und in circa 1 cm große Würfel schneiden. Die Möhre aus dem Bund Suppengrün schälen und schräg in Scheiben schneiden. Den Sellerie schälen und etwa 0,5 cm fein würfeln. Den Lauch waschen, putzen und fein hacken. Die Paprika waschen, entkernen und in circa 1 cm große Stücke schneiden. Die Zwiebel schälen und fein hacken.

- 1 EL Olivenöl auf höchster Stufe in einem Topf erhitzen. Die Zwiebel darin circa 1 Minute anbraten. Das restliche Öl, Lauch und Sellerie zugeben und bei mittlerer Hitze für circa 3 Minuten braten. Dann mit Brühe ablöschen und Kartoffeln, Möhren und Paprika zugeben. Alles mit Tomatenmark, Thymian, Zucker und Salz würzen. Den Eintopf einmal aufkochen lassen und 8–10 Minuten ohne Deckel köcheln lassen.

- Den heißen Eintopf in gründlich gereinigte Gläser füllen und sofort verschließen. Im Wasserbad bei 100 °C 60 Minuten einkochen.

Zum Fertigstellen:

- Zum Regenerieren den Eintopf in einen Topf füllen und einmal aufkochen lassen. Zum Servieren 1 Wiener Würstchen, in Scheiben geschnitten, hinzugeben, mit frisch gemahlenem Pfeffer bestreuen und nach Belieben frischen Thymian hinzugeben.

TIPPS

- Der Eintopf lässt sich wunderbar, je nach Saison, abwandeln. Im Frühling schmeckt er super mit Kohlrabi statt Paprika, im Sommer mit Zucchini und weißen Bohnen. Im Herbst kannst du Kürbis wählen und als Einlage karamellisierte Apfelwürfel dazu reichen, und im Winter gibt es statt Paprika und Suppengrün einfach Wirsing und Sauerkraut. Als Topping passen hier leckere, kross gebratene Speck- oder Räuchertofu-Würfel.

- Für eine spontane Abwandlung kannst du beim Aufwärmen vorgegarte Kichererbsen (aus der Dose) und etwas Ras el Hanout (orientalische Gewürzmischung) dazugeben und den Eintopf mit einem Klecks griechischem Joghurt und frischer Petersilie bestreut servieren. Dazu passt Fladenbrot.

RAVIOLI

Für 4 Gläser à ca. 450 g
Zubereitungszeit: 80 Minuten
Haltbar bis: 3–4 Monate

Zutaten:

- 200 g Mehl Type 405 + ½ TL
- 2 Eier (Größe M)
- 25 g Sonnenblumenkerne
- 30 g Parmesan
- 130 g Erbsen (aus der Dose)
- 4 EL Olivenöl
- 1 Zwiebel
- 300 g Möhren
- Salz
- 650 ml passierte Tomaten
- 100 g Mais (aus der Dose)
- frisch gemahlener schwarzer Pfeffer

- Handrührgerät
- Blitzhacker
- Nudelmaschine oder Nudelholz
- Pizzaschneider
- 4 gründlich gereinigte, trockene Schraubgläser (alternativ: Einmachgläser)

Zubereitung:

- Das Mehl mit den Eiern in eine Rührschüssel geben und mit den Knethaken des Handrührgeräts verkneten. Dann mit den Händen in 10 Minuten zu einem glatten Teig weiterverarbeiten. Diesen zu einer Kugel formen und abgedeckt bei Zimmertemperatur circa 20 Minuten ruhen lassen.

- In der Zwischenzeit für die Füllung 25 g Sonnenblumenkerne in einer Pfanne ohne Fett braun anrösten. Den Parmesan in Stücke schneiden und mit den Kernen, 30 g Erbsen und 2,5 EL Olivenöl in einen Blitzhacker geben. Alles zu einer feinen Paste mixen. Am Schluss ½ TL Mehl unterrühren.

- Für die Sauce die Zwiebel schälen und fein hacken. Die Möhren schälen, die Enden knapp abschneiden und die Möhren fein würfeln. Das restliche Olivenöl in einem Topf erhitzen. Die Zwiebeln darin 2 Minuten scharf anbraten. Dann auf mittlere Hitze reduzieren, die Möhren sowie ½ TL Salz zugeben und 5–6 Minuten braten. Die passierten Tomaten sowie 300 ml Wasser zugeben und 10 Minuten offen köcheln lassen. Zum Schluss die restlichen Erbsen und den Mais zugeben und mit Salz und etwas Pfeffer abschmecken.

- Den Nudelteig mit einer Nudelmaschine oder einem Nudelholz bis zur gewünschten Stärke (ca. 2 mm) ausrollen. Die langen Platten auf einer bemehlten Arbeitsfläche auslegen und gegebenenfalls zu einem gleichmäßigen Rechteck zuschneiden. Die Platten gedanklich horizontal halbieren und vertikal mit einem Schaschlikspieß quadratische Stücke markieren. Auf die unteren Stücke nun mit einem Teelöffel die Füllung setzen. Die obere Hälfte nun über die untere Hälfte klappen, an den Rändern gut festdrücken und mit einem Pizzaschneider die Ravioli voneinander trennen. Die Ränder nochmals mit einer Gabel rundum fest zudrücken. Es sollte – je nach Größe – circa 21 Ravioli ergeben.

KÜCHENTIPP

- Bereite die Füllung mal mit gerösteten Pinienkernen zu. Die Füllung kannst du übrigens auch wie Pesto verwenden.

ZUM FERTIGSTELLEN

- Die Ravioli in einem Topf mit siedendem Wasser portionsweise circa 30 Sekunden blanchieren. Dann mit einer Schöpfkelle herausheben.

- Die Ravioli vorsichtig mit der Tomatensauce vermengen und auf gründlich gereinigte Gläser verteilen. Die Sauce sollte die Ravioli vollständig bedecken. Es sollte circa 2 cm Luft bis zum Glasrand sein. Dann den Deckel schließen und die Gläser im Wasserbad 60 Minuten bei 100 °C einkochen.

SÜSSES & *Knabbereien*

Süßigkeiten, Limonade und herzhafte Knabbereien sind die Spaßmacher im Leben – sie gehören einfach dazu. Hier soll es in erster Linie nicht darum gehen, Zucker oder Salz zu sparen, sondern den Genuss auf ein neues Level zu heben. Denn: Frisch und selbst gemacht schmeckt es einfach noch ein ganzes Stück besser. Wie das geht, erfährst du auf den nächsten Seiten. Mein Geheimtipp schon vorab: selbst gemachte Schokoküsse.

Karamell

SCHON GEWUSST?

- Fruchtjoghurt aus der Kühltheke ist eine unterschätzte Zuckerfalle. 1 kleiner Fruchtjoghurt (150 g) enthält reichlich zugesetzten Zucker – zusätzlich zu dem natürlicherweise in Milch vorkommenden Milchzucker. Oft entspricht der zusätzliche Zucker 4–5 Stücken Würfelzucker.

NATURJOGHURT

Für ca. 4 Gläser à 100 g
Zubereitungszeit: 5 Minuten + Zeit zum Abkühlen und 12 Stunden zum Ruhen
Haltbar bis: ca. 4 Tage

Zutaten:

- 500 ml Vollmilch
- 1 EL Naturjoghurt (3,5 % Fett)

- 4 gründlich gereinigte, trockene Schraubgläser (alternativ: Einmachgläser)
- Küchenthermometer

Zubereitung:

- Die Milch in einem Topf aufkochen, dann die Hitze wegnehmen und die Milch circa 5 Minuten unter Rühren weiterköcheln lassen. Dann auf 42–45 °C abkühlen lassen (mit dem Küchenthermometer prüfen). Den Joghurt vorsichtig in die Mitte des Topfes setzen, den Deckel auflegen und den Topf warm einpacken, zum Beispiel morgens unter die warme Bettdecke oder gemeinsam mit einer Wärmflasche in Kissen und Decken eingewickelt. Nach 12 Stunden den fest gewordenen Joghurt auf 4 gründlich gereinigte Gläser verteilen, Deckel schließen und im Kühlschrank aufbewahren.

KÜCHENTIPP

- Für eine vegane Variante klappt das auch mit Sojajoghurt und Sojamilch. Allerdings musst du hier stärker darauf achten, dass über 12 Stunden ausreichend Wärme vorhanden ist. Das klappt gut, indem du die aufgekochte Milch in einen Thermobecher (zum Beispiel für Kaffee) umfüllst, dann den Joghurt einsetzt und den Deckel schließt. Das Ganze dann unter die warme Bettdecke, gemeinsam mit einer Wärmflasche.

ZUCKERFREIER HIMBEERJOGHURT

Für ca. 4 Gläser à 100 g
Zubereitungszeit: 5 Minuten
Haltbar bis: ca. 2–3 Tage

Zutaten:

- 200 g frische Himbeeren (ersatzweise TK-Himbeeren)
- 400 g Naturjoghurt

- Pürierstab
- gründlich gereinigte, trockene Schraubgläser (alternativ: Einmachgläser)
- optional: Sieb

Zubereitung:

- Die frischen Himbeeren vorsichtig waschen, TK-Himbeeren auftauen lassen. Dann die Beeren in einen hohen Rührbecher geben und fein pürieren. Wer es noch feiner mag, streicht die Himbeermasse anschließend durch ein Sieb.

- Den Joghurt mit der Himbeermasse verrühren, auf 4 gründlich gereinigte Gläser verteilen, Deckel schließen und im Kühlschrank aufbewahren. Zum Servieren kannst du noch ganze Himbeeren dazugeben oder auch geröstete Nüsse darüberstreuen.

APFELMARK (ZUCKERFREIES APFELMUS)

Für ca. 2 Gläser à 300 ml
Zubereitungszeit: 45 Minuten
Haltbar bis: 1 Jahr

Zutaten:

- 1 Kilo Äpfel

- Sieb (alternativ: Passiermühle)
- 2 gründlich gereinigte, trockene Schraubgläser (alternativ: Einmachgläser)

Zubereitung:

- Die Äpfel waschen, vierteln, entkernen und die Viertel klein schneiden. Mit etwas Wasser in einen Topf geben und bei mittlerer Hitze und geschlossenem Deckel in circa 30 Minuten weich garen. Das Mus durch ein Sieb streichen oder eine Passiermühle verwenden. Das heiße Mus in gründlich gereinigte Gläser füllen, verschließen und bei 90 °C 30 Minuten einkochen.

KÜCHENTIPP

- Fülle das Mus lieber in mehrere kleine Gläser anstatt in ein großes ab. Ist das große Glas einmal offen, solltest du das Mus innerhalb weniger Tage verbrauchen, sonst schimmelt es leicht. Um Schimmel vorzubeugen, benutze immer sauberes Besteck, um Mus aus dem Glas zu entnehmen (das gilt übrigens für alle angebrochenen Gläser, auch für Marmelade, Pesto und Co.).

SCHON GEWUSST?

- Im Supermarkt gibt es Apfelmus und (Bio-)Apfelmark zu kaufen. Apfelmus ist fast immer Zucker zugesetzt. Apfelmark ist immer ohne Zucker. Wenn dir also das Selberkochen zu aufwendig ist, kannst du auch einfach zu Apfelmark greifen. Letzteres enthält allerdings teilweise Ascorbinsäure, die eine Braunfärbung verhindern soll.

APFEL-JOGHURT-DESSERT

Für 4 Portionen

- Je 40 g Naturjoghurt auf 4 Gläser verteilen. Darauf je 1 EL Apfelmark geben. Darüber je 1 weiteren EL Naturjoghurt geben und mit je 1 TL Knuspermüsli (zum Beispiel Gewürz-Knuspermüsli, siehe Seite 71) bestreut servieren. Je nach Saison kannst du noch frisches Obst oder TK-Beeren dazugeben. Wenn du es gerne süßer magst, kannst du noch je 1 TL Ahornsirup oder Agavendicksaft darüberträufeln. Das Dessert schmeckt statt mit Naturjoghurt auch mit Quark oder griechischem Joghurt.

Müsliriegel

Für 16 Stück
Zubereitungszeit: 15 Minuten + 25 Minuten zum Backen
Haltbar bis: 4–6 Wochen

Zutaten:

- 100 g geröstete Mandeln
- 100 g geröstete Haselnüsse
- 100 g Haferflocken
- 25 g Mohnsamen
- 1 Prise Salz
- 60 g getrocknete Sauerkirschen (alternativ: Cranberrys)
- 80 ml Ahornsirup
- 60 ml neutrales Bio-Kokosöl

- Blitzhacker
- Müsliriegel-Form aus Silikon (alternativ: ofenfeste Form, ca. 20 × 30 cm)
- 1 gründlich gereinigte, trockene Dose (alternativ: Einmachglas)

Zubereitung:

- Den Backofen auf 170 °C Ober-/Unterhitze vorheizen. Die Mandeln und die Haselnüsse in einer trockenen Pfanne goldbraun anrösten. Aus der Pfanne nehmen und mit den Haferflocken, gegebenenfalls portionsweise, in einen Blitzhacker geben und mittelfein zerkleinern. Dann alles in eine Schüssel umfüllen und die Mohnsamen sowie das Salz dazugeben. Die Kirschen fein hacken und ebenfalls unterrühren.

- Ahornsirup und Kokosöl in einen Topf geben und langsam schmelzen lassen. Dann unter die Masse geben und alles gründlich verrühren.

- Die Masse in eine Müsliriegel-Form, zum Beispiel aus Silikon, füllen und fest andrücken. Alternativ eine ofenfeste Form (ca. 20 × 30 cm) mit Backpapier auslegen. Den Teig in die Form geben und fest andrücken. Die Riegelmischung sollte ungefähr 1 cm dick sein. In den Ofen (Mitte) geben und etwa 25 Minuten backen. Immer mal wieder in den Ofen schauen: Sobald die Ecken goldbraun werden, sind sie fertig.

- Die Müsliriegel beziehungsweise die Müsliplatte abkühlen lassen. Anschließend vorsichtig aus der Form lösen beziehungsweise die Platte in Riegel schneiden. Luftdicht verpackt, zum Beispiel in einer Dose, bleiben sie schön knusprig. Leider krümeln und zerbrechen selbst gemachte Müsliriegel schnell. Die Krümel kannst du einfach unter dein Frühstücksmüsli mischen.

Schon gewusst?

- Müsliriegel enthalten oft reichlich Zucker und außerdem Zusatzstoffe wie Stabilisatoren, Säuerungsmittel, Emulgatoren und Aromen. Wenn du deine Riegel selber machst, kannst du Zuckergehalt und Inhaltsstoffe selbst bestimmen. Das ist auch von Vorteil für Personen mit Unverträglichkeiten oder Allergien.

SCHOKOKÜSSE

Für ca. 20 Stück
Zubereitungszeit: 45 Minuten
Haltbar: ca. 2 Tage

Zutaten:

- 20 Waffeln oder runde Kekse nach Wahl (z. B. belgische Butterwaffeln, Mini-Karamell-Waffeln oder Oblaten)
- 3 Eiweiß
- 50 g Puderzucker
- 150 g Zartbitterkuvertüre
- 1 TL neutrales Kokosöl (Raumtemperatur)

- Metallring von ca. 5 cm Durchmesser
- Handrührgerät
- Spritzbeutel
- Tortengitter

Zubereitung:

- Große Waffeln gegebenenfalls mit einem Metallring ausstechen, sodass sie einen Durchmesser von etwa 5 cm haben. Dabei die Waffel rings um den Metallring festhalten um das Innere im Ring zu stabilisieren, denn die Waffeln brechen sehr leicht. Die Schokokuss-Böden mit etwas Abstand auf einem oder zwei Tellern oder Schneidebrettern verteilen.

- Für die Füllung die Eiweiße in eine Metallschüssel geben und mit den Quirlen des Handrührgeräts über dem Wasserbad steif schlagen. Den Puderzucker während des Rührens einrieseln lassen und so lange rühren, bis sich der Zucker komplett aufgelöst hat.

- Sobald das Eiweiß glatt und sehr fest ist, sofort in einen Spritzbeutel mit Tülle füllen und turmförmig auf die Waffelböden spritzen. Die Schaumküsse dann in den Tiefkühler stellen.

- In der Zwischenzeit die Kuvertüre klein hacken und mit dem Kokosöl in eine Metallschüssel geben. Die Masse über dem Wasserbad langsam schmelzen.

- Die Schaumküsse portionsweise aus dem Tiefkühler holen und mit der Kuvertüre überziehen. Dazu ein Tortengitter oder Ähnliches über eine Schüssel stellen und die Schaumküsse darauf anordnen. Nun mit einer kleinen Schöpfkelle die flüssige Schokolade gleichmäßig über den Schokoküssen verteilen. Fertige Schokoküsse in den Kühlschrank stellen. Vorbeigelaufene Schokolade aus der Schüssel zurück zur geschmolzenen Schokolade in die Metallschüssel füllen und den Vorgang wiederholen, bis alle Schokoküsse glasiert sind. Diese bis zum Verzehr höchstens 2 Tage im Kühlschrank aufbewahren.

KÜCHENTIPPS

- Selbst gemachte Schokoküsse schmecken frisch deutlich besser als das Pendant aus dem Supermarkt. Für eine Feier, etwa einen (Kinder-)Geburtstag, lohnt sich der Aufwand.

SCHON GEWUSST?

- Du kannst den Schokokuss auch ganz nach deinem Geschmack abwandeln, zum Beispiel mit weißer Schokolade, mit crunchigen Erdnussstücken oder goldenem Glitzer obenauf.

- Nicht mehr ganz so naturbelassen, dafür aber spaßiger: den Eischnee oder den Schokoguss mit Lebensmittelfarbe bunt einfärben.

Vegane Mandel-Waffeln

Für ca. 10 Stück
Zubereitungszeit: 40 Minuten
Haltbar bis: 4 Monate

Zutaten:

- 100 g gemahlene Mandeln
- 200 g Weizenmehl Type 550
- 1 TL Backpulver
- ½ TL Salz
- 200 ml Mandelmilch
- 30 ml neutrales Öl (z. B. Rapsöl) + etwas zum Einfetten
- 50 ml Ahornsirup
- 50 ml kohlensäurehaltiges Mineralwasser

- Handrührgerät
- Waffeleisen
- Gefrierboxen (alternativ: gefrierfeste Dosen)

Zubereitung:

- Mandeln, Weizenmehl, Backpulver und Salz in einer Schüssel mischen. Dann Mandelmilch, Öl, Ahornsirup und Wasser zugeben und mit den Quirlen des Handrührgeräts zu einem glatten Teig verrühren.

- Den Teig 10 Minuten ruhen lassen. Ein Waffeleisen, zum Beispiel für belgische Waffeln, vorheizen, einfetten und pro Waffel 1 EL Teig mittig auf die Form geben und 4–5 Minuten backen. Die Form ist dabei nicht ausgefüllt, der Rand bleibt leer.

- Die Waffeln lassen sich prima in einer Box oder einer Dose, mit Backpapier getrennt, einfrieren.

- Zum Regenerieren einfach die gefrorenen Waffeln im Toaster auf mittlerer Stufe wieder knusprig aufbacken.

Tipps

- Die Waffeln schmecken am besten mit einer Sauce, etwa geschlagener Sahne, Marmelade, Preiselbeeren aus dem Glas, Apfelmus, Ahornsirup oder Karamellsauce.

- Frisches Obst oder tiefgekühlte Beeren, am besten mit etwas Joghurt oder Nussmus dazu, passen ebenfalls gut zu den Waffeln.

MILCHSCHNITTE

Für ca. 16 Stück
Zubereitungszeit: 30 Minuten + 10 Minuten zum Backen + 1 Stunde zum Tieffrieren
Haltbar bis: 3 Tage zugedeckt im Kühlschrank, 4 Monate tiefgefroren

Zutaten:

- 3 Eier (Größe M)
- 75 g Puderzucker + 25 g
- 50 g Weizenmehl (Type 405 oder 550)
- 25 g Speisestärke
- 20 g Kakao, schwach entölt
- ½ TL Backpulver
- 1 EL kohlensäurehaltiges Mineralwasser
- 175 g Doppelrahmfrischkäse
- 100 g Schmand

- Müsliriegel-Form aus Silikon
- Handrührgerät
- Spritzbeutel
- Zum Tiefkühlen: Gefrierboxen (alternativ: gefrierfeste Dosen)

Zubereitung:

- Den Backofen auf 180 °C Ober-/ Unterhitze vorheizen. Die Eier in eine Schüssel aufschlagen. 75 g Puderzucker zugeben und etwa 5 Minuten schaumig rühren, bis eine helle, stabile Creme entsteht.

- Das Mehl mit Speisestärke, Kakao und Backpulver mischen und portionsweise zur Eiermasse unter Rühren hinzufügen. Zum Schluss das Mineralwasser unterrühren.

- Den Teig in die Silikon-Müsliriegelformen füllen. Alternativ auf einem mit Backpapier ausgelegten Backblech oder eine mit Backpapier ausgefüllte Backform (circa 24 × 18 cm) circa 1 cm hoch befüllen und glatt streichen. Im Ofen (Mitte) circa 10 Minuten backen. Die Stäbchenprobe machen und den Teig nicht zu lange drin lassen, sonst wird er trocken. Die Böden direkt aus dem Ofen nehmen. Die Böden vollständig auskühlen lassen und dann erst aus der Silikonform beziehungsweise vom Blech lösen; die Böden vom Blech in 16 Riegel à circa 9 × 3 cm zuschneiden.

- Die Böden auf ein oder zwei mit Backpapier ausgelegten Schneidebrettern auslegen und für mindestens 1 Stunde tieffrieren.

- Dann Frischkäse, 25 g Puderzucker und Schmand in einen hohen Rührbecher geben und mit den Quirlen des Handrührgeräts luftig-schaumig schlagen. Die Masse in einen Spritzbeutel füllen und gleichmäßig auf die Hälfte der Böden auftragen. Dann die übrige Hälfte der Böden auflegen und bis zum Verzehr im Kühlschrank aufbewahren (maximal 3 Tage).

- Du kannst die Milchschnitten für eine längere Haltbarkeit auch in einer Box tieffrieren. Am besten die Schnitten mit Backpapier voneinander trennen, dann kannst du sie auch übereinanderstapeln. Einfach 1 Stunde vor dem Verzehr aus dem Tiefkühler nehmen und auftauen lassen.

PFIRSICH-JOGHURT-EIS AM STIEL

Für 6 Stück
Zubereitungszeit: 20 Minuten + 8 Stunden zum Tieffrieren
Haltbar bis: 3–4 Monate

Zutaten:

- 50 g Zucker
- 30 ml Wasser
- 300 g griechischer Joghurt
- 2 TL Vanillezucker (Rezept Seite 55)
- 300 g Pfirsiche

- Pürierstab
- Gefrierförmchen für Eis am Stiel
- Holzstiele

Zubereitung:

- Den Zucker und 30 ml Wasser in einen kleinen Topf geben. Einmal unter Rühren aufkochen lassen, bis der Zucker sich vollständig aufgelöst hat und die Flüssigkeit etwas angedickt ist. Den Zuckersirup auskühlen lassen.

- Den Joghurt mit dem Vanillezucker und der Hälfte des Zuckersirups in einer Schüssel cremig verrühren.

- Die Pfirsiche waschen, vierteln, entsteinen und klein schneiden. Die Pfirsichstücke mit dem restlichen Zuckersirup in einen hohen Rührbecher geben und mit dem Pürierstab sehr fein pürieren.

- Die Joghurt- und die Pfirsichmasse abwechselnd in Förmchen für Eis am Stiel einschichten, einen Holzstiel hineinstecken, abdecken und im Tiefkühler mindestens 8 Stunden, am besten über Nacht, tieffrieren.

KÜCHENTIPPS

- Das Eis schmeckt mit vielen verschiedenen Obstsorten wie Erdbeeren, Heidelbeeren, Kirschen, Pflaumen oder Aprikosen.

- Für eine vegane Variante einfach den griechischen Joghurt durch eine Mischung aus 250 g Pflanzenjoghurt und 50 g hellem Mandelmus ersetzen.

SCHOKO-FUDGE MIT CASHEWS

Zutaten für ca. 36 Stück
Zubereitungszeit: 45 Minuten
Haltbar bis: 2–3 Wochen

Zutaten:

- 100 g Puderzucker
- 100 g Butter
- 50 ml Haferdrink
- 60 g Cashewkerne
- 70 g dunkle Schokolade (mindestens 80 % Kakaoanteil, gern 90–95 %)

- Öl für die Form
- 1 eckige Backform (ca. 12 × 12 cm)
- 1 gründlich gereinigte, trockene Dose (alternativ: Einmachglas)

Zubereitung:

- Den Puderzucker, die Butter und den Haferdrink in einen Topf geben und die Mischung bei schwacher Hitze unter häufigem Rühren erhitzen, bis die Zutaten geschmolzen sind. Die Masse dann unter gelegentlichem Rühren bei schwacher bis mittlerer Hitze circa 10 Minuten köcheln lassen, bis sie leicht cremig und goldgelb geworden ist.

- Die Fudge-Masse vom Herd nehmen und etwa 5 Minuten abkühlen lassen. In der Zwischenzeit die Cashewkerne fein hacken und in einer kleinen beschichteten Pfanne goldgelb rösten. Die Schokolade ebenfalls fein hacken. Eine eckige Form mit einem passend zugeschnittenen Bogen Backpapier auslegen, dann mit Öl ausstreichen, überschüssiges Öl mit einem Küchenpapier abwischen.

- Erst die Cashewkerne, dann nach und nach die Schokolade unter die Fudge-Masse rühren, dabei die Schokolade schmelzen lassen. Die Fudge-Masse in die vorbereitete Form geben, glatt streichen und erkalten lassen.

- Die zu einer Platte fest gewordene Masse aus der Form auf ein Brett stürzen und in kleine Rechtecke (ca. 2 × 3 cm) schneiden. Luftdicht verpackt aufbewahren, zum Beispiel einzeln in Backpapier eingewickelt oder lageweise durch Backpapier getrennt in einer Dose aufbewahren.

KÜCHENTIPP

- Statt der naturbelassenen Cashewkerne auch einmal geröstete und gesalzene Kerne, Mandeln oder Erdnüsse verwenden.

SCHON GEWUSST?

- Die herbe Schokolade mildert die typische Fudge-Süße. Und die Cashewkernstücke sorgen nicht nur für Biss, sondern auch für gesunde Fettsäuren und Mineralien.

ZITRONENSIRUP

Für ca. 100 ml oder 6–7 Drinks
Zubereitungszeit: 25 Minuten
Haltbar bis: 2–3 Monate

Zutaten:

- 2 große Bio-Zitronen
- 50 g Zucker

- Sieb
- 1 gründlich gereinigte, trockene Glasflasche

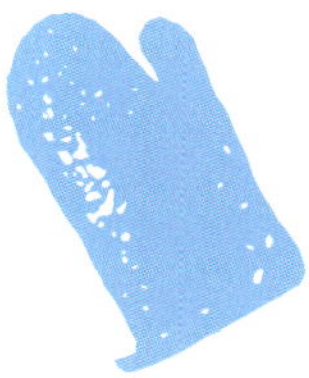

Zubereitung:

- Die Zitronen heiß abspülen. Von einer Zitrone die Zesten abziehen, beide Zitronen auspressen. Zucker, Zitronenzesten und Zitronensaft in einen Topf geben. Alles unter Rühren einmal aufkochen und anschließend bei ausgeschalteter Herdplatte 10 Minuten ziehen lassen. Danach das Sirup durch ein Sieb in eine gründlich gereinigte Flasche abseihen und sofort verschließen.

- Den Sirup am besten im Kühlschrank aufbewahren.

KÜCHENTIPPS

- Je nach Größe der Zitronen bekommst du mehr oder weniger Sirup und der Geschmack wird säuerlicher oder milder.

- Wie wäre es mit einem Orangensirup? Dazu einfach 1 große Orange auspressen. Wenn du es gerne frisch und säuerlich magst, gib noch den Saft von ½ Zitrone hinzu.

ZITRONENLIMONADE

Für 2 Portionen

- Circa 30 ml Sirup mit 400 ml kohlensäurehaltigem Mineralwasser mischen, auf Gläser verteilen und mit Eiswürfeln servieren. Alternativ 70 ml Sirup mit 1 Liter kohlensäurehaltigem Wasser in eine Karaffe füllen und 2–3 Zitronenscheiben sowie Eiswürfel hineingeben.

KRÄUTERSIRUP

Für ca. 100 ml oder ca. 10 Drinks
Zubereitungszeit: 30 Minuten
Haltbar bis: 2–3 Monate

Zutaten:

- 2 cm Ingwer
- 1 Stängel Minze
- 1 Stängel Rosmarin
- 2 Zitronen
- 50 g Voll- bzw. Rohrohrzucker (alternativ: Zucker)

- Sieb
- 1 gründlich gereinigte, trockene Glasflasche

Zubereitung:

- Den Ingwer waschen und in dünne Scheiben schneiden. Die Minze und den Rosmarin ebenfalls waschen. Die Zitronen heiß abspülen. Von einer Zitrone die Zesten abziehen, beide Zitronen auspressen. Das sollte etwa 80–100 ml Saft ergeben. Zucker, Zitronenzesten, Zitronensaft, Ingwer, Minze und Rosmarin in einen kleinen Topf geben. Alles unter Rühren einmal aufkochen und anschließend bei ausgeschalteter Herdplatte 10 Minuten ziehen lassen. Danach den Sirup durch ein Sieb in eine gründlich gereinigte Flasche abseihen und sofort verschließen.

- Den Sirup am besten im Kühlschrank aufbewahren.

KÜCHENTIPPS

- Benutze ein möglichst feines Sieb, damit keine Ingwer- oder Zitronenstückchen in deinem Sirup landen. Ziehen nämlich Zitronenzesten oder Ingwerrinde über lange Zeit im Sirup, wird er bitter.

- Der Rohrohrzucker gibt dem Sirup eine dunkle Farbe und bringt Karamell- und Bitternoten mit.

ALKOHOLFREIER COCKTAIL

Für 2 Gläser

- Je 1 cl Kräutersirup auf 2 runde Cocktailgläser verteilen. Mit je 150 ml Sprudelwasser aufgießen und verrühren. Dann je 1 großen (oder mehrere kleine) Eiswürfel auf die Gläser verteilen. Zum Schluss 2 Stängel Rosmarin waschen und zum Servieren in die Gläser geben.

KARTOFFELCHIPS

Für 4 Portionen
Zubereitungszeit: 30 Minuten
Haltbar bis: 2 Stunden

Zutaten:

- 500 g festkochende Kartoffeln
- Öl zum Frittieren
- Salz
- scharfes oder geräuchertes Paprikapulver nach Belieben

- Fritteuse

Zubereitung:

- Die Kartoffeln waschen und nach Belieben schälen, in sehr dünne Scheiben schneiden oder hobeln. Die Scheiben auf einem Küchentuch ausbreiten und gründlich trocken tupfen. Das Öl zum Frittieren in einer Fritteuse oder in einem Topf auf etwa 180 °C erhitzen. Portionsweise die Kartoffelscheiben in dem heißen Öl etwa 3 Minuten goldbraun backen. Die Chips mit einer Schaumkelle aus dem Fett heben und auf Küchenpapier gut abtropfen lassen, anschließend mit Salz und etwas Paprikapulver würzen und sofort losknabbern.

SOUR-CREAM-DIP

Zubereitungszeit: 5 Minuten im Kühlschrank bis zu 2 Stunden haltbar

Zutaten:

- ½ Becher Schmand (100 g)
- ¼ Bund Schnittlauch
- ½ TL Agavendicksaft
- ½ TL Salz

Zubereitung:

- Den Schmand in eine Schüssel geben. Schnittlauch waschen, trocken schütteln und in feine Röllchen schneiden. Diese mit Agavendicksaft und Salz zum Schmand geben. Alles gründlich zu einer glatten Creme verrühren und zu den Gemüsechips servieren.

ROTE-BETE-CHIPS AUS DEM BACKOFEN

Für 4 Portionen
Zubereitungszeit: 60 Minuten
Haltbar bis: 2 Stunden

Zutaten:

- 500 g kleine rohe Rote-Bete-Knollen
- 3 EL neutrales Pflanzenöl
- 1 TL gemahlener Kreuzkümmel
- Salz

Zubereitung:

- Die Rote-Bete-Knollen waschen und nach Belieben schälen, in sehr dünne Scheiben hobeln, dabei Küchenhandschuhe anziehen, die Knollen färben stark. Die Scheiben anschließend auf Küchenpapier ausbreiten und gründlich trocken tupfen.

- In einer Schüssel das Öl mit Kreuzkümmel verrühren. Die Gemüsescheiben darin wenden und nebeneinander auf zwei mit Backpapier belegte Backbleche legen.

- Den Backofen auf 165 °C Umluft einstellen. Die Bleche hineinschieben und die Gemüsescheiben circa 40 Minuten (abhängig von der Dicke der Scheiben) backen. Dabei einen runden Holzlöffelstiel in die Ofentür stecken, damit Feuchtigkeit entweichen kann. Zwischendurch die Bleche einmal tauschen und die Gemüsescheiben einmal wenden. Die fertigen Scheiben mit etwas Salz würzen.

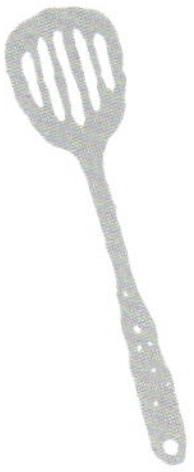

KÜCHENTIPPS

- Zum Aromatisieren eignen sich auch andere Gewürze, etwa Rauchsalz, Knoblauch, Chili oder Rosmarin.

- Alle festen Gemüsesorten lassen sich ebenso im Backofen zubereiten. Probiere doch mal Süßkartoffeln, Möhren, Petersilienwurzeln oder Pastinaken.

- Genauso gut kannst du Kartoffelchips auch im Backofen zubereiten und Gemüsechips in Öl frittieren. Die Backofenchips sind fettärmer, aber oft auch etwas weniger knusprig.

HONIG-
THYMIAN
PARMESAN-
THYMIAN

THYMIAN-PARMESAN-GRISSINI

Für ca. 35 Stück
Zubereitungszeit: 25 Minuten + 8 Stunden zum Gehen + 20 Minuten zum Backen
Haltbar bis: ca. 4 Wochen

Zutaten:

- 4 Stängel Thymian
- 350 g Mehl + etwas mehr für die Arbeitsfläche
- 3 g Hefe
- 30 g geriebener Parmesan
- 1 TL Salz + etwas mehr zum Bestreuen
- 20 ml Olivenöl

Zubereitung:

- Am Vorabend: Thymian waschen, Blättchen abzupfen und fein hacken. Das Mehl, die Hefe, den geriebenen Parmesan, 1 TL Salz, den fein gehackten Thymian und das Olivenöl in einer Schüssel vermischen. 220 ml Wasser zugeben und mit den Knethaken des Handrührgeräts zu einem glatten Teig kneten.

- Den Teig auf eine bemehlte Arbeitsfläche geben, noch mal per Hand durchkneten und zu einer Kugel formen. Diese in eine Schüssel geben und abdeckt über Nacht im Kühlschrank ruhen lassen.

- Am nächsten Tag zwei Backbleche mit Backpapier auslegen. Den Backofen auf 180 °C Ober-/Unterhitze vorheizen. Den Teig vierteln, jedes Teigstück etwas bemehlen und mit der Nudelmaschine auf circa 3 mm Dicke ausrollen. Die so entstandenen Teigbahnen auf einer bemehlten Arbeitsfläche auslegen und zu Streifen von circa 20 cm Länge und 1 cm Breite zuschneiden.

- Die Teigstreifen auf dem Blech mit etwas Wasser bepinseln und mit Salz bestreuen. Im Ofen (Mitte) nacheinander circa 10 Minuten lang backen beziehungsweise so lange, bis die Spitzen Farbe angenommen haben.

- Die fertigen Grissini aus dem Ofen und vom Blech nehmen, vollständig auskühlen lassen und luftdicht verpackt aufbewahren.

HONIG-ZITRONEN-THYMIAN-GRISSINI

- Für diese Variante den Parmesan weglassen und stattdessen 1 TL Honig sowie den Abrieb von 1 Zitrone dem Teig hinzufügen. Ansonsten wie im Rezept oben verfahren.

PEKANNÜSSE MIT RAUCHAROMA

Für ca. 200 g
Zubereitungszeit: 15 Minuten
Haltbar bis: ca. 4 Wochen

Zutaten:

- 200 g Pekannusskerne
- 1 Knoblauchzehe
- 2 TL Kokosöl
- 2 TL geräuchertes Paprikapulver
- Salz

- 1 gründlich gereinigte, trockene Dose (alternativ: Einmachglas)

Zubereitung:

- Die Nüsse nach Belieben etwas kleiner hacken. Den Knoblauch schälen und fein hacken oder durch eine Presse drücken.

- Die Nüsse in eine beschichtete Pfanne geben und bei mittlerer Hitze unter häufigem Rühren rösten, bis sie angenehm duften. Den Knoblauch einrühren und mit anrösten.

- Das Öl sowie das Paprikapulver einrühren, mit etwas Salz würzen und noch circa 1 Minute rösten, anschließend in eine breite Schale umfüllen und vollständig abkühlen lassen. Die Nüsse luftdicht verpackt, zum Beispiel in einer Dose oder einem Einmachglas, aufbewahren.

SCHARFE GEWÜRZ-NÜSSE

Für ca. 200 g
Zubereitungszeit: 20 Minuten
Haltbar bis: 4 Wochen

Zutaten:

- 200 g gemischte Nüsse (z. B. Mandeln, Cashewkerne, Walnüsse)
- 1 kleine rote Chilischote
- 2 Knoblauchzehen
- ½ TL gemahlener Koriander
- ½ TL gemahlener Kardamom
- Salz
- frisch gemahlener schwarzer Pfeffer
- 2 TL Kokosöl

- 1 gründlich gereinigte, trockene Dose (alternativ: Einmachglas)

Zubereitung:

- Die Nüsse nach Belieben etwas kleiner hacken. Die Chilischote aufschlitzen, entkernen, waschen und fein hacken. Den Knoblauch schälen und ebenfalls fein hacken oder durch eine Presse drücken.

- Die Nüsse in eine beschichtete Pfanne geben und bei mittlerer Hitze unter häufigem Rühren rösten, bis sie angenehm duften und, je nach Nusssorte, goldgelb geworden sind.

- Chili, Knoblauch, Koriander und Kardamom einrühren, mit Salz und Pfeffer würzen und noch einige Minuten rösten. Das Kokosöl dazugeben und leicht erhitzen, damit die Gewürze besser an den Nüssen haften. Die Nüsse anschließend in eine breite Schale umfüllen und vollständig abkühlen lassen. Die Nüsse luftdicht verpackt, zum Beispiel in einer Dose oder einem Einmachglas, aufbewahren.

PIZZA-CRACKER

Für ca. 70 Stück
Zubereitungszeit: 25 Minuten + 25 Minuten zum Backen
Haltbar bis: 4 Wochen

Zutaten:

- 50 g Parmigiano Reggiano
- 20 g getrocknete Soft-Tomaten (ohne Öl)
- 2 TL gemischte italienische Kräuter (z. B. Thymian, Oregano, Majoran)
- 125 g Dinkelmehl
- 1 Prise Zucker
- 30 g natives Olivenöl extra
- 150 g Skyr natur
- ca. 1 TL mittelgrobes Meersalz

- Nudelholz
- 1 gründlich gereinigte, trockene Dose

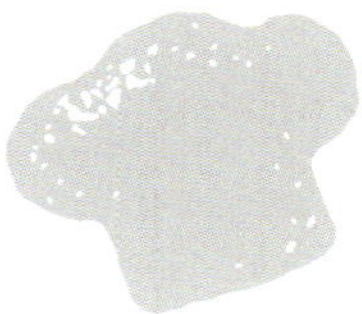

Zubereitung:

- Den Backofen auf 180 °C Umluft vorheizen. Den Parmesan fein reiben. Die Tomaten sehr fein würfeln. Parmesan, Tomatenstücke, getrocknete italienische Kräuter, Mehl, Zucker und Öl in eine Schüssel geben und mit den Händen krümelig verkneten. Dann den Skyr zugeben und zu einer glatten Teigkugel verkneten.

- Ein Backpapier auf der Arbeitsfläche auslegen und den Teig mittig daraufgeben. Mit den Händen etwas platt drücken und dann mit einem Nudelholz so dünn wie möglich rechteckig ausrollen. Darauf achten, dass der Teig nicht reißt. Dann den Teig mit einem Messer oder einem Pizzaroller zu Crackern zuschneiden (ca. 3 × 3 cm).

- Das Backpapier mit den Crackern auf ein Backblech ziehen. Die Cracker gleichmäßig mit mittelgrobem Meersalz bestreuen. Dann im Ofen (Mitte) circa 20–25 Minuten backen. Die Cracker aus dem Ofen nehmen und vollständig auskühlen lassen. Anschließend luftdicht verschlossen in einer Dose aufbewahren.

DREIERLEI POPCORN: POPCORN BASIC

Für je 2–3 Portionen
Zubereitungszeit: 15 Minuten
Haltbar bis: 2 Stunden

Zutaten:
- 1 EL Bratöl
- 50 g Popcornmais

Zubereitung:
- Das Öl in einen Topf geben und auf mittlerer Stufe erhitzen. Dann den Popcornmais hineingeben und den Deckel schließen. Sobald die ersten Körner hörbar poppen, immer mal wieder den Topf mit Deckel leicht schütteln, damit das Popcorn nicht anbrennt. Sobald die Popp-Geräusche aufhören, den Topf vom Herd nehmen.

TEX-MEX-POPCORN

Zutaten:
- Popcorn (siehe oben)
- 1 TL getrockneter Oregano
- ½ TL Salz
- 10 g frischer Koriander
- 1 frische kleine rote Chilischote
- 100 g Cheddar, gerieben

Zubereitung:
- Das heiße Popcorn in eine Schüssel füllen und mit Oregano und Salz vermengen. Koriander und Chili waschen. Korianderblättchen abzupfen und fein hacken. Die Chilischote entkernen und in feine Ringe schneiden. Das Popcorn auf einer Platte ausbreiten, mit geriebenem Cheddar, Koriander und Chili bestreuen und servieren.

SALZKARAMELL

Zutaten:
- 30 g Vollrohrzucker
- ½ TL Salz
- 1 EL Wasser
- 20 g Butter
- Popcorn (siehe oben)

Zubereitung:
- Zucker, Salz und Wasser in einen kleinen Topf geben, erhitzen und den Zucker auflösen. Dann die Butter zugeben und alles einmal unter Rühren aufkochen lassen. Die Hitze auf die niedrigste Stufe reduzieren und den Sirup unter gelegentlichem Rühren warm halten. Dann das Popcorn hineingeben und alles gründlich miteinander vermengen. Auf einem mit Backpapier ausgelegten Backblech verteilen und fest werden lassen. Dann in eine Schüssel umfüllen und servieren.

HIMBEER-KARDAMOM-POPCORN

Zutaten:
- 15 g gefriergetrocknete Himbeeren
- 25 g Puderzucker
- ¼ TL gemahlene Vanille
- 1 Messerspitze gemahlener Kardamom
- Popcorn (siehe oben)
- Blitzhacker

Zubereitung:
- Die Himbeeren mit Puderzucker, gemahlener Vanille und gemahlenem Kardamom in einen Blitzhacker geben und fein mahlen. Dann mit dem Popcorn vermengen und servieren.

Karamell

REGISTER

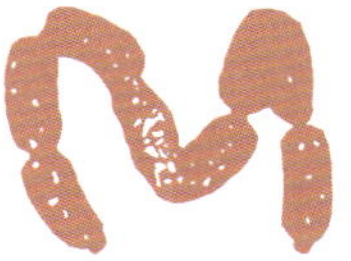

Mein DANK

Obwohl ich schon viele Bücher geschrieben habe, war dieses doch etwas ganz Besonderes für mich. Denn zum ersten Mal habe ich auch die Fotos selbst gemacht und ich war sehr nervös.

Daher geht der Dank an erster Stelle an meinen Mann, Alexander Dölle. Ich danke dir, dass du dieses Buch mit deiner Gabe bereichert hast, Gerichte so zu kochen, dass sie auf dem Bild schön aussehen. Und ich danke dir, dass du mit viel Geduld und Nachsicht Gerichte mehrfach gekocht hast, wenn ich eine Chance für ein noch besseres Bild witterte. Bei diesem Projekt hat sich mal wieder gezeigt, dass wir ein super Team sind – es hat mir viel Spaß gemacht mit dir! Danke für deine Ideen, deine Inspiration, deine Kreativität und deine Umsetzungsstärke.

Außerdem danke ich von Herzen Angelika Ilies. Du bist eine der bekanntesten und erfahrensten Rezeptentwicklerinnen. Und eine Kollegin, auf die ich mich blind verlassen kann. Ich danke dir für deine sofortige Unterstützung und Hilfe in für mich nicht ganz einfachen Zeiten. Es war schön, von dir aufgefangen zu werden. Du hast mein Buch durch deine tollen Rezeptideen bereichert. Und zwar auf diesen Seiten: 46/47, 76/77, 82/83, 108/109, 132/133, 156/157, 160/161, 164/167. Danke dafür!

Ein großes Danke an Nikola Teusianu, die mich zum Südwest Verlag geholt und das Konzept gemeinsam mit mir ausgearbeitet hat. Ohne dich würde es dieses Buch nie geben. Danke an Harald Kämmerer und Philipp Christ, beide Südwest Verlag, die mich stets unterstützt haben, ein super Team zusammengestellt und das Buch zu dem gemacht haben, was es jetzt ist! Danke euch allen Dreien für Ideen, Kritik und Feedback – die gemeinsame Arbeit am Buch hat mir viel Spaß gemacht.

Danke an Stefanie Hiekmann und Tina Engel für eure spontane, kollegiale Foto-Erste-Hilfe. Ihr wart sozusagen die Hebammen meiner ersten Print-Food Fotos. Danke, ihr seid toll!

Doch so ein Buch ist mehr als nur Texte und Bilder. Daher eine großes Dankeschön an alle die mitgeholfen haben, dass es dieses Buch gibt: Grafik, Lektorat, Korrektorat, Buchbinderei, Druckerei, Auslieferung und noch so viel mehr Menschen sind daran beteiligt. Ein Buch ist immer Teamwork. Dieses Team hat großartig zusammengearbeitet und so durfte dieses fantastische Buch entstehen. Möge es viele Leser und Leserinnen begeistern.

ISBN 978-3-517-09968-2 – € 22,00 [D] / € 22,70 [A] – 240 Seiten

Für noch mehr Nachhaltigkeit zuhause

Daniela Wattenbach ist Kräuterpädagogin, Selbstversorgerin und Autorin. Seit Jahren verzichtet sie in ihrem Zuhause fast vollständig auf Chemie, Plastik und industriell verarbeitete Lebensmittel.

Die gelernte Hauswirtschafterin zeigt, wie man mit einfachen Mitteln einen ökologisch und ökonomisch gesunden Haushalt führt. Sie gibt Tipps für die Vorratshaltung in der Speisekammer, zu Garten und Balkon und zur »kleinen Hausapotheke«, die jeder haben sollte. Für Hausputz, Bad und Wäsche erklärt sie die Herstellung von natürlichen Putz- und Waschmitteln sowie Artikeln für Körperpflege und Kosmetik. Zudem gibt es Rezepte von selbstgemachtem Brot und Kuchen über Marmelade bis hin zu Nudelteig und Pudding.

Frischkäse

Um Ihren eigenen Frischkäse herzustellen, brauchen Sie nicht viel Zeit. Glauben Sie mir, der Geschmack wird auch Sie begeistern. Allerdings muss ich Sie warnen: Der gekaufte Frischkäse wird Ihnen hinterher nicht mehr schmecken! Frischkäse ist der einzige Käse, der nicht reifen muss und sofort nach der Herstellung genossen werden kann. Je fetter die verwendete Milch, umso cremiger wird Ihr Käse. Probieren Sie auch mal Frischkäse aus Ziegenmilch.

Da Frischkäse einen hohen Wassergehalt hat, kann man ihn nicht lange aufbewahren. Um die Haltbarkeit zu verlängern, fügen die Hersteller ihrem konventionell erzeugten Frischkäse in der Regel Konservierungs- und Verdickungsmittel sowie andere Zusätze bei. Alles Inhaltsstoffe, die wir nicht haben wollen, weshalb wir lieber auf das selbst gemachte Produkt zurückgreifen. Und auch hier können die schönen Weck-Gläser, die Sie für Ihren Joghurt verwenden, zum Einsatz kommen – und wieder fällt kein Verpackungsmüll an.

ZUTATEN

2 Liter Frischmilch aus dem Kühlregal (keine H-Milch)
2–3 EL Bio-Naturjoghurt
Etwa 60 ml Zitronensaft
1 Prise Salz

ZUBEREITUNG

Geben Sie die Milch in einen nicht zu kleinen Topf und erwärmen Sie sie bis kurz vor dem Erreichen des Siedepunkts (ideal sind 75 °C). Lassen Sie den Topf nicht aus den Augen, denn Milch kocht gerne über. Die Milch muss nun einige Minuten lang „so vor sich hin simmern", damit potenzielle Keime darin abgetötet werden.

Verrühren Sie den Joghurt mit dem Zitronensaft und geben Sie diese Mischung in die Milch, die jetzt nicht mehr kochen darf. Die Milch flockt dann relativ schnell aus, und man sieht kleine Klumpen an der Oberfläche schwimmen. Bitte verwenden Sie keinen Schneebesen, sondern rühren Sie die Flüssigkeit mit einem Kochlöffel um, somit

Die Küche 21

Dinkelbrot mit Hefe

ZUTATEN

1 kg Dinkelmehl
1 Würfel Frischhefe, zimmerwarm
Ca. 600–700 ml lauwarmes Wasser
15 g Kräutersalz

ZUBEREITUNG

Geben Sie das Mehl in eine Schüssel und machen Sie in der Mitte eine kleine Mulde. Da hinein bröckeln Sie die Hefe, die nicht direkt aus dem Kühlschrank kommen sollte. Gießen Sie nun etwas lauwarmes Wasser auf die Hefe und verrühren Sie diese mit einer Gabel, bis ein kleines Teiglein entsteht. Die Schüssel mit einem sauberen Küchentuch abdecken und 15 Minuten an einem warmen Ort ruhen lassen.

Fügen Sie erst jetzt das Kräutersalz und das restliche Wasser hinzu, kneten Sie dann den Teig lange und sorgfältig durch. Je nach der Beschaffenheit des Mehls brauchen Sie mehr oder weniger Wasser. Dieser Brotteig muss nun mindestens eine halbe Stunde lang in einer warmen Umgebung „gehen". Wenn sich sein Volumen deutlich vergrößert hat, können Sie ihm die gewünschte Gestalt geben (entweder in eine Kastenform füllen oder zum Laib formen und einfach auf das mit Backpapier belegte Blech legen).

Heizen Sie den Backofen auf 230 °C (Umluft: 250 °C Ober/Unterhitze) vor. Schneiden Sie die Oberfläche des Brotlaibs mit einem scharfen Messer mehrmals ein und besprühen Sie das Brot mit Wasser. Nun backen Sie es im heißen Backofen in etwa 50 Minuten schön knusprig. Das Brot ist fertig, wenn es beim Klopfen auf die Unterseite dumpf klingt. Hefebrot ist bei richtiger Lagerung 3–4 Tage lang haltbar.

Tipp: Sie können dieses Rezept beliebig variieren: Streuen Sie beispielsweise Mohnsamen, Sesam oder Leinsamen u. ä. auf Ihr Brot oder arbeiten Sie die Samen mit in den Teig ein. Auch die Wahl der Mehlsorte bleibt Ihnen überlassen. Weitere Zutaten verändern den Eigengeschmack Ihres selbst gemachten Brots sofort: geriebene Karotten, Nüsse, Rosinen, Honig, Kümmel … nehmen Sie, was immer Sie möchten.

32 Die Küche

IMPRESSUM

Projektleitung: Philipp Christ
Textredaktion und Korrektorat: Susanne Schneider
Bildnachweis: Foodfotografie und Autorenportrait © Sarah Schocke, Düsseldorf

Mit Ausnahme von: Adobe Stock: U1 (elenabsl), 41 (Monika), 165 (gossip7); Shutterstock: 9 (chomplearn), 12 (Michelle Lee Photography), 13 (Bern James), 19 (brizmaker), 21 (Alina Troeva), 23 (P-fotography), 25 (Microgen), 26 (Ahanov Michael), 27 (BravissimoS), 32/33 (Natalia Ruedisueli), 37 (Yulia Grigoryeva), 47 (DROBOT VIKTORIIA). 54 (Viktoria Gavrilina). 82 (Creative Family), 107 (casanisa), 133 (Chatham172)

Inhalte des Saisonkalenders U2: Chimène Henriquez (auch als Poster erhältlich im Anaconda Verlag)

Umschlaggestaltung, Innenlayout, Satz: OH, JA! (www.oh-ja.com)
Herstellung: Elke Cramer
Reproduktion: MohnMedia Mohndruck GmbH, Gütersloh
Druck und Bindung: Alföldi Nyomda Zrt., DebrecenPrinted in Hungary

FSC www.fsc.org MIX Papier aus verantwortungsvollen Quellen FSC® C010328

Penguin Random House Verlagsgruppe FSC ® 001967
ISBN 978-3-517-09931-6
www.suedwest-verlag.de

Für noch mehr Nachhaltigkeit zuhause

Daniela Wattenbach ist Kräuterpädagogin, Selbstversorgerin und Autorin. Seit Jahren verzichtet sie in ihrem Zuhause fast vollständig auf Chemie, Plastik und industriell verarbeitete Lebensmittel.

Die gelernte Hauswirtschafterin zeigt, wie man mit einfachen Mitteln einen ökologisch und ökonomisch gesunden Haushalt führt. Sie gibt Tipps für die Vorratshaltung in der Speisekammer, zu Garten und Balkon und zur »kleinen Hausapotheke«, die jeder haben sollte. Für Hausputz, Bad und Wäsche erklärt sie die Herstellung von natürlichen Putz- und Waschmitteln sowie Artikeln für Körperpflege und Kosmetik. Zudem gibt es Rezepte von selbstgemachtem Brot und Kuchen über Marmelade bis hin zu Nudelteig und Pudding.

IMPRESSUM

Projektleitung: Philipp Christ
Textredaktion und Korrektorat: Susanne Schneider
Bildnachweis: Foodfotografie und Autorenportrait © Sarah Schocke, Düsseldorf

Mit Ausnahme von: Adobe Stock: U1 (elenabsl), 41 (Monika), 165 (gossip7); Shutterstock: 9 (chomplearn), 12 (Michelle Lee Photography), 13 (Bern James), 19 (brizmaker), 21 (Alina Troeva), 23 (P-fotography), 25 (Microgen), 26 (Ahanov Michael), 27 (BravissimoS), 32/33 (Natalia Ruedisueli), 37 (Yulia Grigoryeva), 47 (DROBOT VIKTORIIA). 54 (Viktoria Gavrilina). 82 (Creative Family), 107 (casanisa), 133 (Chatham172)

Inhalte des Saisonkalenders U2: Chimène Henriquez (auch als Poster erhältlich im Anaconda Verlag)

Umschlaggestaltung, Innenlayout, Satz: OH, JA! (www.oh-ja.com)
Herstellung: Elke Cramer
Reproduktion: MohnMedia Mohndruck GmbH, Gütersloh
Druck und Bindung: Alföldi Nyomda Zrt., DebrecenPrinted in Hungary

FSC
www.fsc.org
MIX
Papier aus verantwortungsvollen Quellen
FSC® C010328

Penguin Random House Verlagsgruppe FSC ® 001967
ISBN 978-3-517-09931-6
www.suedwest-verlag.de